LES

Fastes de l'Eglise

LA PROMESSE accomplie

L. Le Leu

H. & L. CASTERMAN
• ÉDITEURS •

Offert par l'auteur à la Bibliothèque Nationale
L. Le Leu

LA PROMESSE ACCOMPLIE

N° 1 des Fastes de l'Eglise

IMPRIMATUR.

Tornaci, die 15ª Novembris 1898.

J. HUBERLAND, can. cens. lib.

Qui es-tu, toi qui oses descendre vivant parmi les mânes? demanda la vieille d'une voix sépulcrale. (P. 75.)

LA PROMESSE accomplie

PAR

L. Le Leu

H. & L. CASTERMAN
ÉDITEURS PONTIFICAUX
Paris, Rue Bonaparte, 66 — Tournai (Belgique)

SOMMAIRE HISTORIQUE DU VOLUME

Octave-César-Auguste a pacifié le monde. — Rome et ses dieux. — Isis et son culte. — Le Messie est attendu par toutes les nations. — Les Sybilles l'annoncent; les poètes le chantent. — Mœurs et coutumes de la Rome d'Auguste. — Les Juifs répandus par toute la terre connue alors, y ont semé leurs idées religieuses et leurs espérances. — Jérusalem au temps d'Hérode; ses monuments, sa topographie, ses environs. — Annonciation de Zacharie et naissance de saint Jean-Baptiste le Précurseur. — Mariage et annonciation de la Vierge Marie. — Les mages et l'étoile. — Dénombrement du monde soumis à l'empire romain. — Les oracles cessent dans les temples païens. — Naissance de Notre-Seigneur Jésus-Christ. — An de Rome 751, douzième consulat d'Auguste, vingt-septième année de son règne.

PRÉFACE

Voici, chers lecteurs, le premier volume d'une œuvre de longue haleine édifiée à la gloire du Christ et destinée à faire passer sous vos yeux, en une suite de tableaux variés et intéressants, comme en un kaléidoscope, les grandes dates de l'histoire sacrée de son Eglise sur la terre.

Loin des controverses stériles et des disputes insensées, l'auteur a pour but de vous intéresser en vous instruisant.

Empruntant à l'histoire ses grands personnages, il les fera vivre un instant à vos yeux avec les couleurs du passé dans une suite de récits aussi attachants que possible pour votre imagination ; mais son but n'est pas seulement de vous distraire, il veut surtout vous faire toucher du doigt le caractère divin de l'Eglise et la sublimité de sa mission dans le monde et vous faire suivre au moins, dans ses grandes lignes, le spectacle deux fois millénaire de ses angoisses et de ses gloires, de ses luttes et de ses triomphes.

Là ne se borne pas l'ambition de l'écrivain, il a le désir de donner à votre esprit encore jeune, un viatique de foi pour les jours prochains de votre adolescence, pour l'âge mûr de votre vie et ces heures de votre vieillesse, dans lesquelles, lorsque, lui-même dormira depuis longtemps, peut-être, à l'ombre de la croix, vous lui saurez gré, dans la paix solide de votre âme, d'avoir utilement charmé vos premières études et vos premiers loisirs et proposé à vos lèvres ce calice salutaire de la croyance solide qui, une fois assise sur des bases inviolables, ne risque pas de faire naufrage au milieu des tempêtes de l'incrédulité dont les flots ténébreux portent les épaves de tant de cœurs divisés par la ruse de Satan, alors que Jésus-Christ les avait élevés jusqu'aux honneurs de l'unité dans la foi chrétienne et catholique.

Regardez autour de vous et soyez justement effrayés du spectacle qui s'offre à vos yeux.

Le moindre des crimes de l'homme contre Dieu aujourd'hui, c'est l'indifférence.

Nos siècles emportés par la course folle de ce que les incrédules appellent pompeusement et orgueilleusement *le Progrès*, élèvent à la science humaine des autels sacrilèges contre lesquels le ciel envoie parfois son tonnerre sans que les yeux de ces hommes vaniteux s'ouvrent pour reconnaître que toute science qui n'est pas basée sur la foi est vaine, qu'elle égare les savants dans le dédale sans fin de la matière illusoire et que la réponse la plus douce que Dieu puisse faire à leur audace qui perd les âmes, c'est de les foudroyer comme le Prométhée antique, pour leur apprendre que l'homme ne peut impunément dérober le feu des étoiles et que toutes les Babels élevées contre les cieux sont destinées à la ruine, entraînant dans leur catastrophe les téméraires insensés qui ont cru s'en faire un marchepied contre le Seigneur.

Il n'y a qu'une Vérité, elle est en Dieu, elle est Dieu lui-même, et le Verbe éternel en est à lui seul la vie et le flambeau.

Le grand apôtre saint Jean nous l'enseigne dans son Evangile, c'est le Verbe éternel qui a tiré le monde du néant, c'est le Verbe éternel qui a sauvé le monde et c'est dans la voie du Verbe éternel que le monde doit marcher pour retourner au sein du Père, son créateur et son Dieu.

« Pourquoi les nations ont-elle frémi, dit le psalmiste, et pour quelle raison les peuples ont-ils formé de vains complots contre Dieu et contre son Christ? »

Satan, seul, le père du mensonge, de la haine et de la division, pourrait dire quelle est la source de ces révolutions, de ces hérésies, de ces conjurations ténébreuses qui tournent en vain contre le royaume du Christ glorieux la folie d'un monde dont « le prince est déjà jugé. »

Et pour ceux qui savent voir, sa condamnation s'affirme tous les jours de plus en plus.

Pour infirmer la parole inspirée des Livres saints, les savants modernes en guerre sourde contre Dieu, ont fait appel à l'histoire et à ses documents; et voilà que des profondeurs de l'histoire le document a surgi implacable comme le fantôme vengeur d'une victime; les pierres ont crié à la face du ciel la foi des âges les plus antiques à la révélation universelle et unique d'une vérité primitive tombée de la source divine et voilée d'erreurs grossières et de superstitions honteuses que la venue réparatrice du Rédempteur allait arracher à jamais, masque païen épaissi par Satan à travers les temps obscurs du paganisme pour dérober aux hommes le radieux éclat de la lumière divine.

Rompre avec la vérité c'est pactiser avec la mort. Si vous voulez vivre, soyez les élèves dociles de la Vérité et vous serez les enfants de la Lumière.

Mais sachez écouter les voix de cette Vérité; sachez,

parmi les mille bruits qui se pressent à vos oreilles, trouver la dominante de ces bruits, la tonique harmonieuse de ces concerts ; et si votre oreille est exercée ou simplement docile, vous verrez les monuments de l'histoire universelle confirmer à vos yeux ouverts les deux Testaments ; les annales de tous les siècles, même des siècles païens, s'ouvriront pour le témoignage.

C'est seulement sous le signe de la croix que s'illustrent les civilisations florissantes, et la splendeur de ce signe éternel est telle que nulles ténèbres ne peuvent étouffer l'épanouissement de lumière qui rayonne à son centre auguste.

Tant que l'univers visible gravitera dans l'espace, la croix restera l'alpha et l'oméga de ses destinées, et sans la croix les destinées du monde seraient rompues comme un vase sans harmonie, jeté au loin par un potier irrité des indocilités de la glaise entre ses mains.

Jésus-Christ (dont le nom mystérieux soit à jamais glorifié !) est assis dans la Victoire, l'Empire et le Triomphe ; sous ses pieds divins s'agite le monde moderne en proie à des angoisses obscures que la foi seule peut guérir par un baume de lumière ; et, parmi les nations, il regarde la France catholique indécise entre l'orgueil de ses faux prophètes qui lui ménage des calamités sans nom et la voix secrète de son cœur qui rappelle à ses enfants que Dieu s'est servi d'elle et ne demande encore qu'à l'employer au vrai progrès du monde.

Il importe de s'instruire et de se sanctifier, car une tempête est proche qui portera dans ses flancs apocalyptiques la miséricorde du Christ ou la justice de Dieu.

L. L. L.

LA
Promesse Accomplie

PREMIÈRE PARTIE

DE L'OMBRE AU RAYON

I

LA VILLE DES CÉSARS.

Octave avait pacifié la Gaule, l'Espagne, l'Aquitaine, les Mœsiens, les Bastarnes, les Suèves. Il avait arraché aux Parthes opulents leurs derniers trésors ; le fils du roi des rois lui-même, avait à Rome les liens d'un otage illustre. Généreux, le triumvir glorieux avait laissé la vie à son ancien collègue Lépidus ; bien plus, il avait, par crainte d'un sacrilège, respecté son titre et sa charge de pontife souverain, et, jusqu'au bout favorisé des dieux, avait échappé au coup de poignard que celui-ci lui ménageait à son retour à Rome.

La ville de Romulus avait donné à Octave les fêtes les plus superbes.

Quatre triomphes avaient mené au Capitole le vainqueur radieux. Des jeux splendides avaient bondé le cirque de ces romains frivoles et dégénérés pour qui rien n'était complet dans le plaisir sans la tiède ivresse du sang répandu sur l'arène sablée; trois cents bêtes féroces avaient été offertes à la populace pour être combattues et massacrées sous ses yeux par des belluaires recrutés parmi les barbares que Rome avait amenés dans ses murs des confins de l'univers, et, chose inouïe, dans les annales de la cité, on avait vu un sénateur descendre en personne dans l'arène et combattre les fauves comme un vil bestiaire.

Octave-César venait d'achever la construction de la basilique Julia et avait ouvert au sénat le nouveau palais de la Curie romaine, où pour bien montrer le caractère dominateur de son gouvernement, il avait placé la statue de la Victoire jadis apportée de Trente à Rome.

Le sénat n'était plus que le locataire de l'Empereur et son front orgueilleux était désormais à la merci des lauriers de César.

Le monde était en paix, car Rome était la maîtresse du monde.

Aussi, Rome avait décerné à Octave le titre d'Auguste que, dans son orgueil sans bornes, il eut voulu changer pour celui de Romulus.

Le temps des triomphes était expiré car Drusus avait refusé le dernier.

Octave-César-Auguste, investi de la puissance tribunitienne et du souverain pontificat, ayant affermi la sûreté de l'empire au dehors comme au dedans, déclara le monde en paix et ferma le temple de Janus.

. . . .

Le soleil, à son déclin, empourprait de sa lueur de fournaise, l'horizon sanglant; une poussière d'or roulait dans l'espace qu'allaient envahir les ombres grandissantes du crépuscule.

Les marbres polis des palais rutilaient et leurs vitres offraient aux yeux des lueurs d'incendie, fugitives et remplacées bientôt par la lumière des torches éclairant les somptuosités de la table romaine pour le repas du soir.

A cette heure tardive, un jeune homme d'une mâle beauté franchissait la porte Flaminienne et, sans regarder les soldats qui jouaient et buvaient dans le corps-de-garde, il marchait d'un pas alerte quoique digne, la tête levée et le regard contemplateur.

C'est que, le seul nom de Rome jouissait dans le monde entier d'un tel prestige qu'il n'était pas un barbare qui, en l'entendant prononcer, ne sentit son cœur étrangement remué par un cahot confus de visions splendides et de tableaux féériques.

S'il était lettré, il nourrissait le secret espoir d'aller un jour à Rome avec le rouleau de papyrus contenant ses odes ou ses épodes faites à la manière d'Horace, ou des églogues imitées de Virgile, des fables empruntées à la forme d'Ovide, des discours, peut-être, inspirés par Cicéron, afin d'y trouver le libraire qui consentirait à en tirer des copies nombreuses dont le renom rapide le placerait, comme ces affranchis chéris des muses, en bonne place sur le parnasse tout en faisant affluer chez lui le pactole rayonnant et sonore des sersterces.

La même ambition dévorait ceux qui maniaient avec un certain art le pinceau ou le ciseau.

Ne leur avait-on pas dit que Rome, oublieuse des chaumières antiques et étroites de Romulus, n'avait plus que des palais dont les salles peintes à fresques faisaient de l'artiste qui les décorait un Midas qui ne pouvait plus rien toucher sans le changer en or? Ne savaient-ils pas que les statues de la ville éternelle, divinités, demi-dieux, héros, empereurs, Augustes, Apollons et Vénus, formaient, à elles seules, une immense population de marbre, de bronze et d'ivoire qui s'accroissait sans cesse sous les efforts des sculpteurs et les largesses des Mécènes?

Etaient-ils simplement décorés du titre honorifique de citoyen romain, il leur semblait qu'un voyage ou un séjour à Rome devait donner à ce titre unique, la seule consécration susceptible de remplir leurs vœux et leurs souhaits en les séparant à jamais de leurs dernières attaches avec la barbarie.

C'était donc là, cette ville célèbre dans les fastes du monde entier dont l'enceinte qui la séparait de ses faubourgs immenses, avait plus de treize mille pas,[1] englobant sept collines dont la verdure luxuriante était semée de palais patriciens et formant quatorze arrondissements qui se partageaient plus de quatre cents monuments publics depuis le palais de briques de Numa jusqu'aux palais de marbre qu'élevait Auguste et que construisaient journellement les riches citoyens.

Les richesses étaient incalculables en or, en argent, en ivoire, en pierreries, en bronzes, en statues, en tableaux, bas-reliefs, vases de toute sorte, dépouilles opimes, pour la plupart, des nations vaincues, sans compter les livres précieux de tous les pays du monde remplissant les bibliothèques privées et publiques, vastes édifices dans lesquels il était déjà de mode à Rome de venir lire, étudier et pérorer et où l'on rencontrait, se coudoyant dans un véritable cahot, toutes les classes instruites de la société.

Par l'amoncellement prodigieux de ces richesses artistiques, Rome n'usurpait pas la réputation qui la représentait dans le monde entier comme le marché gigantesque où toutes les œuvres sublimes étaient achetées et payées au poids de l'or par des hommes de toute sorte, patriciens ou affranchis qui meublaient leurs villas et leurs palais avec des trésors, comme Cicéron qui, d'une seule fois, déboursa trois millions de sesterces pour acheter des bronzes et des marbres de Mégare en priant son intermédiaire et ami Atticus de lui envoyer encore tout ce qu'il trouverait de beau, ayant de reste, dans ses coffres, des fonds disponibles.

(1) Vingt kilomètres environ, l'étendue de l'enceinte de l'octroi de Paris en 1850.

Et que dire du consul Pétronius qui avait payé vingt-huit millions de sesterces un seul vase de Corinthe et devait, avant de mourir, briser plus tard, en haine de Néron, un bassin murrhin de trois cents talents alors que Néron n'avait, en cette précieuse matière, qu'une tasse à deux anses qui lui avait coûté cent talents?

Aussi le luxe effréné des demeures opulentes eut fait de Rome une ville d'or, de marbre et d'ivoire si toutes ces merveilles n'eussent été noyées en quelque sorte dans la tourbe nauséabonde des *insulæ* sordides ou maisons à plusieurs étages louées à la plèbe pour se loger et bondées, en effet, de locataires de toutes sortes affluant des provinces et même de l'étranger après avoir abandonné leurs champs et des travaux honorables pour venir en parasites fainéants vivre à Rome du métier de claqueurs au cirque et au théâtre ou des plus divers et des plus vils expédients.

Aussi l'état de propriétaire était-il bon à Rome quoique le terrain y fut hors de prix.

Les maisons coûtaient peu à bâtir avec de mauvais matériaux que le premier tremblement du sol changeait en décombres, ce qui n'empêchait pas de multiplier les étages et d'écrire sur une pancarte à la porte « *que la maison était solide et que les locataires soucieux de dormir en paix pouvaient y louer des logements en toute sécurité.* »

Une maison de cette sorte faisait vivre son propriétaire en lui rapportant par an de quoi avoir des esclaves et entretenir des clients et des poètes, voire même des peintres et des sculpteurs, la vie purement matérielle n'étant, du reste, pas très chère à Rome.

C'était là cette cité à la fois superbe et sordide, que Néron devait plus tard livrer aux flammes des propres mains de ses esclaves, exécutant ainsi en quelques jours une œuvre immense de voirie aux dépens de ses sujets qui en paieraient doublement les frais, tandis que les chrétiens, accusés par l'empereur, soupçonnés, seraient livrés aux bêtes pour disculper César.

Aussi, « aller à Corinthe, » n'était plus désormais qu'un dicton poétique dont le vrai sens était dans la pratique : « aller à Rome, » comme nos paysans d'aujourd'hui disent : « vivre à Paris, » comme les Italiens murmurent entre le *far niente* et l'écuelle de polenta : « Voir Naples et mourir ! »

Les barbares qui venaient à Rome des confins de l'Empire, n'y venaient pas pour voir la ville miraculeuse et mourir, mais bien pour y vivre, attirés comme des papillons vers une lampe dangereuse par les phosphorescences trompeuses du luxe corrompu et corrupteur de l'Empire romain en route pour la décadence prochaine.

Aussi, une joie âpre remplissait l'âme du voyageur et ses yeux ne pouvaient se rassasier du spectacle dont il était maintenant un acteur muet, bientôt éloquent, peut-être.

Il secoua la poussière de sa toge en s'assurant d'un coup d'œil que les plis en étaient harmonieux, passa en revue de même sa robe et sa chaussure et les compara aux vêtements variés des gens qu'il rencontrait allant et venant dans tous les sens.

Il se rendit compte que son costume qu'il avait pris soin, avant son départ, d'acheter à la mode romaine, n'était ni riche ni misérable, mais que seules des nuances que l'usage apprend aux étrangers étaient capables de le rendre irréprochable et il se résigna à attendre que l'expérience l'eut éclairé sur ce point subtil.

Il longeait le Tibre dont les eaux roulaient, limoneuses et jaunâtres, entre les quais. Bientôt il arriva à une place immense qui s'étendait jusqu'au lieu où fut bâti le Panthéon d'Agrippa, à travers les statues nombreuses des dieux de la patrie romaine et celles non moins pressées de ses grands hommes.

En passant, il donna un coup d'œil au Champ de Mars

où des soldats manœuvraient, commandés par leurs chefs qui les exerçaient aux armes, tandis que des buccines retentissaient, rassemblant des légions qui allaient quitter Rome pour aller défendre des portions de frontières menacées ou soumettre des tribus turbulentes ou des provinces en révolte.

Les vastes voies romaines étaient sillonnées de litières moelleuses portées par des esclaves conduisant des élégantes, autour desquelles d'autres esclaves s'empressaient faisant escorte ou procurant un zéphir artificiel dans la chaleur du soir, à l'aide de larges éventails de plumes.

Croisant ces litières, des voitures légères à deux roues ou à quatre, richement peintes et ornées, passaient rapides, traînées par des mules au pas sonore, et les vastes dalles des grandes rues retentissaient sous les roues d'airain des quadriges qui entraient ou sortaient des palais environnants.

Il eut bientôt dépassé le temple de Jupiter Stator, jeta un regard sur la roche tarpéienne et reporta vivement ses yeux sur la façade splendide du Capitole où il put voir le coq gaulois humilié sous les ailes orgueilleusement protectrices de l'aigle impériale.

A cette vue, une ombre passa dans ses yeux et son cœur se serra. Mais il fit rapidement diversion à ces pensées en songeant qu'après tout, (ainsi le voudrait le destin, sans doute), Rome serait un jour assimilée par la Gaule initiée à sa grandeur, comme elle avait elle-même jadis était séduite par le génie de la Grèce vaincue.

Ce fut en roulant ces pensées qu'il dirigea ses pas vers le Forum à travers une foule pressée, croisant des matrones sévèrement fardées, les unes revêtues de la *stole* allant mieux à leur petite taille, les autres, plus grandes habillées avec l'*impluviale* majestueuse, d'autres, plus sveltes, portant avec grâce la légère *plumetie* à ramages, parmi le jeu des couleurs qui, du bleu azuré comme l'air, va par le tendre vert de mer, à la pourpre de Tyr qui, deux fois, a imprégné la précieuse étoffe de soie fournie par le bombyx d'Assyrie.

Le jeune homme regardait aussi leurs pieds chaussés du soulier solide de peau blanche ou du gracieux cothurne, ainsi que leurs bras et leurs doigts chargés de ces bijoux précieux dont Ovide malgré son indulgence, leur reprochait si vivement le luxueux abus.

Parfois elles s'arrêtaient devant l'autel de la Fortune ou entraient dans les nombreux temples qui entouraient le Forum parmi les allées et venues des prêtres ou des magistrats enveloppés de la toge laticlave dont un pan était ramené sur leur tête en guise de coiffure.

Le jeune homme, après avoir jeté les yeux sur le mont Palatin et regardé le palais de César dont les fenêtres étincelaient de la lumière des cires préparées et allumées pour le festin somptueux, s'arrêta et chercha autour de lui le temple le plus proche pour aller y remercier les dieux de l'heureuse issue de son voyage.

Il choisit le temple de la Fortune — comme un heureux présage — et, comme il était las et que, déjà, sa tête était pleine de ce bruit inaccoutumé à ses oreilles, il s'assit sur les degrés et, posant son front dans sa main, s'efforça de s'abstraire un instant du mouvement houleux du Forum.

. . . .

L'ombre enveloppait maintenant la ville de son épais manteau diamanté d'étoiles.

Un rêve vague berça son cerveau. Il n'était plus à Rome, mais à Tolosa la romaine en compagnie de sa mère et de ses sœurs, parlant de ce grand projet de faire le long voyage qui l'amènerait dans les murs de l'opulente cité des Césars pour y faire son instruction dans les mystères de la religion romaine, car, de bonne heure, la volonté de ses parents l'avait destiné au service des autels des dieux.

Il devait venir à la source même du culte romain puiser

La promesse accomplie.

Regarde encore, prêtre d'Isis, et dis ce que tu vois ! (P. 81.)

la science sacrée et revêtir la livrée respectée des flamines. Un prêtre d'un temple de Tolosa lui avait donné des lettres d'introduction auprès d'un pontife de la grande Isis, la déesse égyptienne, dont les romains célébraient avec pompe les fastueux mystères.

Puis, c'étaient les adieux mêlés de larmes, car, nul ne sait, si celui qui part pour un lointain voyage reviendra, ni quel avenir et quel destin, comme dit Horace dans une de ses odes, les dieux réservent à ceux qui suivent le chemin de la vie.

Enfin, il était parti et, marchant avec sagesse et prudence, était arrivé au terme de son voyage.

Au terme? Non. L'avenir allait le lui prouver et le moment présent l'en avertir.

Ce fut le silence de la vaste place, accru par les ombres, qui le réveilla, joint à la fraîcheur de la brise qui venait de la mer.

Il sortit de son rêve et s'aperçut qu'un homme drapé dans sa toge le regardait, appuyé contre une des colonnes du temple.

— Pardon, dit le voyageur en se levant, quelle heure est-il, présentement, je vous prie?

— La douzième heure des calendes d'août est à son stade, répondit le romain. Votre accent m'apprend que vous êtes étranger, me trompé-je?

— Je suis citoyen romain, mais né à Tolosa en Gaule d'où j'arrive aujourd'hui; je me nomme Tullius.

— Un vrai nom latin, par Hercule! aussi latin que le mien à moi qui suis né à Rome et n'en ai jamais bougé. Quelles sont vos intentions présentes? Je me nomme Claudius et vous fais mes offres de services si je puis vous agréer comme ami et vous être utile dans une ville que vous ne connaissez point. Vous n'êtes sans doute le *client* de personne, étant étranger, et c'est à l'hôtellerie que vous comptez souper certainement? Je fais habituellement de même, car je vis seul et suis libre de mes actes d'une part et, d'autre part, une fortune modeste permet à ma fierté de s'entretenir elle-même sans piquer les assiettes d'aucun mécène, ni d'un exigeant patron.

Le Gaulois tendit la main à sa nouvelle connaissance qui la serra en signe d'alliance fraternelle.

Tous deux descendirent les degrés du temple et le latin guida son compagnon vers une rue large, éclairée par les flambeaux que des coureurs portaient autour des litières qui passaient.

— Holà! cria le romain à un *carrucarius* qui passait, conduisant une *sella* vide, sorte de voiture légère où l'on pouvait s'asseoir.

Et à Tullius :

— Allons souper, dit-il, puisque ma compagnie ne vous est pas importune.

Tous deux prirent place et la voiture se mit en marche à travers de petites rues, bordées de maisons étroites, dont les portiques modestes, soigneusement clos, ne laissaient filtrer aucune lumière.

En peu de temps, ils furent arrivés devant une maison dont le seuil illuminé indiquait une hôtellerie où l'on pouvait se reposer et manger.

Le romain ordonna au *carrucarius* de s'arrêter. Il obéit. Tous deux mirent pied à terre et pénétrèrent dans le portique, sur le pavé en mosaïque duquel était écrit l'habituel « Salve » formule muette de bienvenue à ceux qui entrent, tandis que le portier regardait d'un œil indifférent et paresseux les allants et les venants.

Cette hôtellerie n'était pas une maison de dernier ordre, un certain luxe y régnait.

Trois esclaves se tenaient dans le *prothyrium* aux ordres des arrivants.

Ils accueillirent les deux amis en leur ouvrant une salle de bain où ils les lavèrent et, sans avoir omis de les épiler et de les parfumer, les revêtirent d'une tunique d'hyacinthe, puis les couronnèrent de fleurs et les introduisirent devant les tables.

Tous deux s'étendirent, comme c'était l'usage à Rome, sur les *lectuli* ornés de pourpre et, en attendant qu'on les servit, ils regardèrent autour d'eux, Claudius avec la lassitude du déjà vu et Tullius avec la curiosité presque naïve de l'étranger étonné par les choses nouvelles ou imprévues.

Les salles, de grandes dimensions, étaient disposées en enfilades que l'œil embrassait sans peine à travers la perspective de leurs amples arcades ; des cires parfumées les éclairaient abondamment et venaient de chauds reflets sur les buffets chargés de fruits venus des pays du soleil ardent. Les dattes opulentes, les figues grasses, les ananas, les bananes, les noix, les pastèques s'étageaient sur les dressoirs encombrés adossés aux murailles peintes à fresque, montrant d'opulentes verdures égayées de fontaines jaillissantes et de marbres éclatants avec des lointains de perspective où se profilaient des colonnades de naumachies, des styles de tombeaux et des frontons de petits temples avec une illusion de relief remarquable, tandis que des oiseaux vivants, amenés des pays étrangers, aras et cacatoès, oiseaux du paradis aux couleurs éclatantes, et jusqu'à des ibès et des sapajous se balançaient sur des perchoirs, ou sautillaient dans des cages en mangeant et en caquetant.

Et pendant que les esclaves vaquaient autour des tables aux besoins du service, dissimulés derrière des velaria de pourpre, des musiciens charmaient les oreilles des convives avec le son des instruments.

Entre chaque morceau de musique, des orifices invisibles ménagés dans les corniches de la salle pulvérisaient des essences dont le parfum pénétrant dilatait agréablement les narines des convives.

— Et, puis-je vous demander, si ma question n'est pas indiscrète, ce que vous venez faire à Rome? demanda le latin au jeune Gaulois.

— Je viens, répondit celui-ci, y parfaire mon éducation, mais surtout me consacrer au service des dieux immortels du Latium.

Le Gaulois ne remarqua pas un sourire plein d'ironie qui passa, rapide, sur les lèvres de son compagnon et que Claudius réprima aussitôt, de peur de froisser l'étranger.

— N'avez-vous dans les Gaules ni autels ni culte national? demanda le latin avec une double nuance d'intérêt et de reproche.

— Dans la province que j'ai quittée, dit Tullius, on adore les dieux de Rome, le vrai culte des Gaules n'est plus qu'une tradition dont les impénétrables forêts celtiques recèlent les mystères et célèbrent les rites; mais, partout où ont pénétré les armées et la civilisation romaines, les dieux immortels de Rome ont des autels et ce n'est plus la gloire du Gui sacré que l'on célèbre, mais bien les rites de Jupiter et de toutes les divinités de l'Olympe.

— Et la grande Isis y a aussi des temples?

— C'est pour approfondir les mystères de son culte que je suis venu à Rome, car Rome est le panthéon des dieux que l'univers adore sans connaître d'eux autre chose que leur culte.

— Par Minerve! mon ami, vous êtes un philosophe; puisse le spectacle de la décadence romaine être clément à vos illusions, dit le latin à demi-voix, comme s'il eut craint d'être entendu.

Tullius le regarda presque étonné et peu s'en fallut, qu'en lui-même, il ne l'accusât de blasphème.

— Si vous avez de la religion au fond du cœur, gardez-la

bien ici, dit Claudius d'un ton sententieux et si vous avez des sesterces en grand nombre au fond de votre bourse, gardez-les bien aussi; ici la religion et les sesterces se flétrissent et s'effeuillent comme les roses aux âcres effluves des festins; prenez garde.

— J'ai de la religion et des sesterces, dit Claudius et, de plus, j'ai des lettres pour le grand prêtre d'Isis; mais quel est le mystère de vos paroles?

— Nous sommes deux philosophes, conclut Claudius, et, je le crois, deux amis, quoique de fraîche date; acceptez l'hospitalité de ma maison solitaire, et demain j'éclairerai tout ceci à votre esprit, voulez-vous?

— J'accepte comme vous l'offrez, à frais communs, bien entendu, votre hospitalité. Que les dieux soient loués! je marquerai d'une pierre blanche le jour où j'ai rencontré sur la terre du Latium un véritable ami!

Ils demandèrent leur toge et sortirent, non sans heurter des gens ivres dont la vue souleva le dégoût dans le cœur de Tullius.

Ils arrêtèrent de nouveau une *carruca* et se firent conduire au pied du mont Esquilin où Claudius avait sa maison.

II

LE GRAND PRÊTRE D'ISIS.

Pendant que le Gaulois recevait l'hospitalité du Romain, une riche litière, tendue de voiles de pourpre et entourée d'esclaves portant des flambeaux, suivait, mollement balancée par la marche cadencée des porteurs, revenant de la campagne de Rome, la célèbre voie Appia, bordée par les tombeaux des Romains illustres et se dirigeait vers ce quartier de Rome, qu'on appelait à cette époque et qu'on appelle encore le *Vélabre.*

Ce quartier, de nos jours ruiné et désert, était alors le plus riche de Rome et les palais superbes et patriciens qui s'y étalaient avec orgueil étaient habités par tout ce qu'il y avait à Rome de noble et de riche en dépit de l'élégie du poète Tibulle qui regrettait dans ses vers mélancoliques, le temps où les pasteurs y faisaient broûter leurs troupeaux paisibles sous l'œil protecteur du dieu Terme et aux sons plaintifs et doux de la flûte de Pan, non loin de la chaumière construite avec un bois grossier et coupé sans art.

Une voix sortie de la litière, commanda impérieusement aux porteurs de hâter le pas, le maître ayant vu, par l'entrebâillement des courtines de soie un gros nuage venir de l'occident, avant-coureur d'un orage probable.

Les porteurs obéirent; la porte de la ville n'était plus qu'à quelques pas, lorsqu'un éclair déchira la nue sombre, et, au même moment, un des brancards de la litière se rompit.

— Qu'y a-t-il, par Isis! maladroits! cria la même voix impérieuse, arrêtez-vous et réparez l'accident sur-le-champ!

Ceci dit, les courtines s'entr'ouvrirent et un homme de haute prestance, richement vêtu et la tête couverte d'une simarre égyptienne, en descendit.

Un instant, il considéra l'horizon, puis, en attendant que les esclaves eussent réparé le brancard de la litière, il s'approcha d'un tombeau monumental, bâti par les Metellus, pour la gloire de leurs cendres et entouré d'ifs sombres, comme pour y chercher un abri éventuel contre la pluie qui, peut-être, allait tomber.

— Par Hécate! quelle est cette ombre? s'écria-t-il en voyant dans l'encognure du monument une forme immobile et accroupie.

Un nouvel éclair jaillit de la nue, illuminant la façade sculptée du tombeau.

Du même coup, l'éclair fugitif en frappant la robe du voyageur la fit resplendir des mille feux des pierreries, prodiguées sur elle et montra la figure sinistre de l'ombre qui, sans se déranger, parla :

— Menkéra, grand prêtre d'Isis, dit-elle, salut!

— C'est toi, Saga, répondit le prêtre, interroges-tu les ombres à l'abri de ces vieilles pierres? De quels enchantements te soucies-tu sous l'œil bienveillant de Diane, à cette heure?

— Prends garde au vent, ricana la sorcière, tu médites de jouer avec les outres d'Eole. Les Grands Jours vont revenir, mais tu ne les verras pas éclore et les Sybilles auront en vain, pour toi, prophétisé la gloire de *Virgo* par le signe de *Pisces*.[1]

— Que radotes-tu, vieille femme, ne sais-tu pas que l'éternelle Isis m'a révélé ses mystères et pour moi le livre du destin n'a rien de secret. C'est pour moi que s'est ouverte, pour la dernière fois, la porte mystérieuse de la face méridionale de la grande pyramide, mais, initié, je n'ai pu être initiateur, car celui-là tue celui-ci et je ne veux pas que les esclaves du temple de la bonne déesse quittent la *Calasiris* pour la peau de panthère et marchent autrement que derrière moi, la tête rase et les pieds chaussés du papyrus pointu. Moi seul, dernier pontife et dernier roi, possède le secret du sphynx au quadruple mystère.

L'ombre ricana de nouveau.

— Hermès, dit-elle, prends garde au chien, c'est l'ennemi, par Cerbère! fils des Etoiles, le sombre dragon qui se tient au seuil, connaît ton destin et les Parques en tiennent entre leurs mains le fil fragile. La fille du Serpent en sait plus parfois qu'un prince de la Chaldée. Le dragon est capable de dévorer la panthère. Isis a frémi, demain elle tremblera.

— Par Pluton! tu insulterais Jupiter lui-même!

— Jupiter est un peu près de la Tarpeia!

— Si le prêteur t'entendait, vieille femme, tu modérerais

(1) Prophétie astronomique qui avait cours dans l'antiquité concernant la venue prochaine du Messie et qui se formulait ainsi : Il naîtra de *Virgo* (la Vierge) et son signe sera *pisces* (les poissons) deux signes du zodiaque.

Le cycle astronomique du prophète Daniel qui fait l'étonnement de nos astronomes modernes formait la base des calculs astronomiques de toute l'antiquité. Il était calculé au méridien de Jérusalem (comme l'a démontré de nos jours Cassini). Les Perses, les Egyptiens et les Hébreux croyaient que, lorsque le soleil, image de la puissance divine après avoir passé par la constellation de la *Vierge*, serait entré depuis par la précession des équinoxes dans le signe du *bélier* et de là dans les poissons pour s'y conjoindre avec les grandes planètes, le temps de la réalisation de la promesse divine serait arrivé. Le poisson se disant IXOUS en grec, toute l'antiquité attendait le sauveur sous cette image et sous ce nom comme en fait foi les monuments des catacombes et de la première époque du christianisme.

ta langue de vipère dont l'intempérance pourrait te conduire aux gémonies!

— Paix! ce n'est pas à une fille de l'Erèbe qu'il appartient de troubler la quiétude d'un grand prêtre d'Isis, va aux étoiles et laisse-moi à la lune; je n'ai rien dit.

L'Egyptien allait répondre de nouveau, lorsque de grosses gouttes de pluie se mirent à tomber s'écrasant avec bruit sur le pavé de lave; un nouvel éclair lui montra la place déserte, la sorcière avait disparu comme un fantôme.

Menkéra regagna sa litière, y monta et les porteurs prirent en courant le chemin de Rome.

Quelques instants après, la porte Capène conduisant au Vélabre était franchie et le cortège s'arrêtait devant un palais de marbre qui refléta à la lueur des torches comme dans un miroir d'acier poli.

Un des esclaves réveilla le portier éthiopien sommeillant à son poste et l'on entendit grincer les lourdes barres de fer que les bras vigoureux de l'*ostiarius* enlevaient à l'intérieur de la porte qui s'ouvrit pour laisser pénétrer dans le vestibule la litière du grand prêtre.

Celui-ci en descendit majestueusement, traversa l'atrium ou salon principal décoré de fresques, de bronzes et de statues, qu'éclairaient des lampes accrochées en grand nombre à des candélabres d'airain placés sur le pavé, parcourut le *tablinium* ou salon intime et de là entra directement dans une chambre discrète où son affranchi l'attendait, accroupi près du lit d'ivoire incrusté d'or sur lequel le pontife d'Isis avait coutume de prendre le repos de la nuit.

— Seigneur Menkéra, dit celui-ci avec respect, la table est servie présentement.

— Bien, dit l'Egyptien, Chéphrem est-il ici?

— Il ne peut être loin, par Hercule! car je viens de le voir traverser le péristyle, venant du jardin. Peut-être est-il occupé dans la bibliothèque à dérouler quelqu'un de tes précieux volumes, sublime Menkéra. Veux-tu que je me mette à sa recherche?

— Fais, dit le grand prêtre.

En ce moment, dans le chambranle de la porte, parut un homme de haute stature, la tête entièrement rasée, le visage empreint d'une inquiétude mauvaise, revêtu du costume antique des prêtres subalternes de la déesse égyptienne, composé du *Schenti*, sorte de pagne qui couvrait les reins et le bas du corps et de la *calasirés*, vêtement flottant qui l'enveloppait dans ses plis nombreux, les pieds chaussés de sandales en papyrus allongées en pointe et reliées au cou-de-pied par de solides ligatures.

Il s'inclina profondément.

— Puissant seigneur, dit-il, me voici, j'ai vu arriver ta litière dans l'atrium et je viens me mettre à ta disposition si tu as quelque chose à me communiquer.

— Passons dans le triclinium, dit Menkéra, après avoir retiré son manteau, la table est servie et nous parlerons parmi les coupes.

Ceci dit, ils se dirigèrent vers la salle à manger. La table en bois d'oranger se dressait, chargée des éléments du repas, olives vertes et poissons préparés pour ouvrir l'appétit, œufs frais et viandes fumantes, coupes et amphores pleines de vin parfumé rafraîchi à la neige.

Autour de la table s'étendait le *sigma* ou lit demi-circulaire que la mode avait substitué depuis peu à Rome aux anciens *cubicula* à une seule place, et, comme il était d'usage que l'on ne fût pas moins de trois convives, l'affranchi fut invité à prendre place avec les deux prêtres autour de la table sur laquelle ils firent les libations d'usage, tandis que l'esclave attentif après avoir donné les serviettes, se tenait prêt à veiller au moindre désir du maître pour le satisfaire.

— Sublime Menkéra, ta promenade a-t-elle été bonne? demanda Chéphrem d'un ton obséquieux.

— Elle l'eût été, sans la malice des dieux infernaux qui me ménagèrent près de Capena deux accidents : la rupture d'un des brancards de ma litière et la rencontre de cette sombre magicienne, qui ne manque jamais, quand elle me voit, de répandre son venin à mes pieds.

— On la dit savante dans l'art des enchantements, des philtres et des poisons et il n'est personne à Rome qui ne tremble en parlant ou en entendant parler de son chaudron d'airain bouillonnant jour et nuit dans sa tanière, de la plus horrible des cuisines de Canidi ! Et que t'a-t-elle dit, puissant Menkéra ?

— Toujours la même chose, elle a insulté Isis et prédit que Jupiter lui-même serait avant peu précipité du haut de la Tarpeia.

— Infâme vieille ! et, sur quoi s'appuie-t-elle pour oser proférer de telles imprécations ?

— Elle parle à tout propos des oracles obscurs de la sybille de Cumes, ceux-là même, qu'invoque dans ses vers, le poète Maro lorsqu'il prétend dire la bonne aventure à Pollion.

— La meilleure de toutes les aventures pour lui est la pluie des sesterces quand elle tombe dans son escarcelle poétique.

— Peut-être, quoi qu'à vrai dire, le monde soit certainement à la veille de grands événements.

— Ta science, sublime Menkéra, doit t'éclairer suffisamment sur ce point obscur. Je n'en puis, hélas ! dire autant, car, malgré tes promesses déjà anciennes et réitérées, mes épaules n'ont pas encore été revêtues de la peau de panthère ; l'Initiation suprême aux derniers mystères de la grande déesse n'a pas lui à mes yeux et tu es resté sourd à mes prières constantes.

— Patience, Chéphrem, répondit l'Egyptien, tes épreuves ne sont pas encore terminées, je suis le seul juge de ton destin et je ne puis, qu'à bon escient, dévoiler les mystères de la grande Isis. L'initiation suprême sera la récompense de ton dévouement absolu à ma cause qui est celle de la déesse. Je t'en dirai plus long, attends seulement une heure et, pour le moment, épanouis tes oreilles et écoute.

Une ondée de parfums avait jailli dans la salle, lancée par d'invisibles orifices, suivant la mode antique, et derrière des tentures richement brodées une suave musique retentissait, produite par d'habiles musiciens.

Quand les esclaves eurent apporté les aiguières et les rince-bouche et que chacun se fut lavé, le grand prêtre fit signe à Chéphrem de le suivre.

Ils traversèrent le péristyle et, rassurés en voyant par l'ouverture de l'impluvium le temps redevenu serein et le ciel plein d'étoiles, ils se dirigèrent vers les jardins de cette riche demeure embaumés à cette heure par les fleurs endormies qui laissaient, comme dans un rêve inconscient, se répandre leurs plus subtils parfums.

Le grand prêtre et son acolyte marchèrent en silence à travers les allées finement sablées, parmi le murmure des fontaines jaillissantes, sous le regard silencieux des statues de marbre dont la blancheur éclatante les faisait, dans l'ombre, ressembler à des fantômes.

Au fond du jardin, s'élevait un petit temple, comme il y en avait alors dans beaucoup de riches demeures.

C'était un petit édifice entouré circulairement d'une colonnade corinthienne, et rappelant assez par sa forme le temple de la Sybille que l'on voyait sur les bords mugissants de l'Anio, aujourd'hui le Téyérone, dans l'antique Tribur, maintenant Tivoli.

— Ici, dit Menkéra en gravissant les degrés du péristyle et en ouvrant la porte du petit temple, nous pourrons parler sans être épiés par personne; les oreilles seules d'Isis nous entendront en ce lieu.

Un sourire sardonique passa dans l'ombre sur les lèvres de Chéphrem.

Il doutait manifestement qu'Isis eût des oreilles, et peut-être eût-il désiré être admis à les lui tirer une bonne fois, de manière à faire crier sa bouche muette et à savoir enfin si son voile éternel renfermait quelque autre chose qu'un échafaudage de fourberies infâmes destinées à tromper ses adorateurs imbéciles.

Déjà, ils étaient sur le parvis de marbre clair et poli, où glissèrent leurs sandales.

L'intérieur du petit temple n'était pas circulaire, mais formait un carré dont chaque face était ornée de pilastres polychromes dont le chapiteau était couronné par une tête de taureau en bronze. Sur les murailles, des figures hiératiques retraçaient dans toute la raideur de la peinture égyptienne, les mythes d'Osiris, d'Isis et d'Horus, ainsi que les principales cérémonies du culte de la grande déesse.

Le temple prenait jour par l'*impluvium* de la coupole et n'avait pour tout mobilier qu'un autel devant lequel un trépied de bronze gardait le feu sacré qui brûlait nuit et jour, aux soins d'un esclave devant la grande déesse personnifiée par une colonne de marbre noir constellée d'hiéroglyphes et supportant une tête énorme couronnée d'épis comme celle de Cérès.

Un artifice habile faisait flamboyer les yeux de cette tête, comme s'ils eussent vomi des lueurs phosphorescentes et bleuâtres, et il semblait que ses lèvres avaient quelque chose de mobile, susceptible de donner l'illusion de la parole.

Menkéra referma soigneusement la porte du petit temple derrière lui et son compagnon, et, s'approchant du trépied, il étendit sur lui la main ; des flammes bleuâtres s'en élevèrent éclairant le sanctuaire d'une lumière fantastique et livide, qui eut précipité le front dans la poussière, de naïfs croyants, mais ne parut pas émouvoir le prêtre Chéphrem.

A cette lumière vacillante, Menkéra indiqua à son compagnon une porte placée derrière la colonne de marbre, et fermée par une tenture en tissu de palmier historié de signes hiératiques.

Ils pénétrèrent alors dans une *cella* ou petite chambre elliptique, où des sièges de bronze aux coussins de laine blanche les invitaient à s'asseoir.

— Eh bien! dit Menkéra, le courrier des Gaules est-il arrivé à Rome, voici le temps où son voyage devrait être achevé?

— Rien n'est arrivé, sublime Menkéra, répondit Chéphrem, rien, ni courrier ni lettres.

— Alors le néophyte viendra en personne, dit le grand prêtre en roulant entre ses doigts les volutes de sa longue barbe assyrienne.

Un silence suivit, comme s'il eut hésité à poursuivre une conversation qui allait devenir une confidence nécessaire.

Un rayon de lune, seul luminaire qui éclairât en ce moment ce lieu, frappait le visage du grand prêtre, par l'ouverture d'une haute et très étroite fenêtre close, par un volet de verre transparent, ce qui était à Rome un luxe tout patricien.

— Je t'écoute, redoutable maître, dit Chéphrem, avec un ton humble, qui dissimulait une envieuse curiosité.

— Eh bien! oui, j'ai besoin de toi, Chéphrem, besoin de toutes les ruses de l'art que nous gardons si jalousement dans nos sanctuaires à l'abri des curiosités de la foule qui, une fois savante, foulerait aux pieds des dieux désormais vains pour elle. La Sybille a raison et la sorcière n'a pas tort; des temps se finissent et d'autres temps vont commencer; le monde entier attend quelque grand événement qui va changer sa face et balayer peut-être à jamais, comme des superstitions infâmes, ces dieux devant lesquels l'encens a fumé jusqu'à ce jour, aux frais des peuples crédules et prosternés.

— Sublime Menkéra, quelle prophétie annonces-tu? L'esprit de Python s'est-il emparé de toi par Isis ? Mais, que dis-je? sais-je quelque chose? M'as-tu initié à quelque chose, sinon à l'art de tromper les hommes, par de grossiers artifices dus à une science physique secrètement acquise et jalousement gardée? Nos prophéties, nos miracles, nous en connaissons les sources et le « dieu noir, » s'il existe, doit bien rire en ses ombres de nous voir de si parfaits comédiens. Ah! ah! ah!

— Ne raille pas, Chéphrem, toi pour qui ne s'est jamais ouverte la porte méridionale de la grande pyramide. Tu n'as jamais revêtu les douze robes sacerdotales, ni la chlamyde olympiaque chamarrée des signes universels; la couronne de palmier n'a pas ceint ta tête triomphante des ultimes épreuves et rayonnante comme le soleil, et nulle consécration ne t'a proposé aux acclamations de la multitude sur le trône d'où l'initié descend suivi du char triomphal, où il ne doit pas monter, pour aller à pieds, recevoir les compliments du pharaon qui l'attend sur le balcon de son palais aux briques peintes. Tu ne t'es pas approché des limites du trépas ; tu n'as pas foulé aux pieds le seuil de Proserpine, et tu n'en es pas revenu en passant par tous les éléments.

— C'est vrai! dit Chéphrem en baissant sournoisement la tête, l'issue de ces épreuves m'est restée inconnue jusqu'à ce présent jour.

— Ah! reprit Menkéra en frappant familièrement sur l'épaule du prêtre, Rome se pique d'avoir des dieux à elles! Mais que sont ces dieux? Ils ne lui appartiennent même pas; ils sont un ramassis de toutes les superstitions de l'univers; les dieux du Latium sont ceux de l'Hellade, qui, elle-même les a pris à l'Egypte. Minerve est une pâle copie d'Isis, et Jupiter n'a jamais atteint à la grandeur d'Osiris. C'est l'Egypte qui est la mère de la Grèce, elle est la grande aïeule de Rome. Les dieux de Rome tomberont en poussière, et leur souvenir lui-même abandonné par ses peuples, aura depuis longtemps délaissé l'horizon du Latium, les limites mêmes de l'univers, que l'Egypte immortelle rayonnera encore par la splendeur de ses mystères. Le Capitole en ruines, veuf de ses dieux éphémères, verra, dans la désolation de ses débris, subsister les pyramides dont les tombeaux inviolables garderont pour l'immortalité des siècles, la gloire perpétuellement vivante de l'éternelle Isis !

— Et pourtant, hasarda Chéphrem, les mystères isiaques ne sont déjà plus qu'un souvenir religieusement gardé par le grand Menkéra. La porte initiatrice du nord est close à jamais; la porte triomphatrice du midi est rouillée sur ses gonds, les momies seules gardent le mystère des hypogées et Menkéra ne doit qu'à son génie audacieux la suprématie de son pontificat !

— Qu'en sais-tu ? sois prudent dans tes paroles, Chéphrem, dit sévèrement l'Egyptien. Le monde attend un grand événement, il est proche et tout l'annonce, au ciel, sur la terre et jusque dans le sombre royaume des Manes. Un soleil nouveau va se lever sur l'univers, l'énigme des âges va se résoudre, et c'est le sphynx si longtemps muet qui va ouvrir ses lèvres mystérieuses pour en donner la clé ! Mais ce n'est pas pour te parler de ces choses que je t'ai amené ici. Ecoute-moi donc avec attention.

Chéphrem se mit dans la posture d'un homme qui attend d'importantes communications.

— La lune a tourné, dit Menkéra, éclairons-nous un instant d'une autre lumière que de la pâle clarté des étoiles.

Il se leva, disparut un instant et revint porteur d'une lampe, de forme antique, allumée sans doute au feu du trépied de bronze de l'autel. Il la suspendit à l'aide de sa chaîne à l'une des branches d'un élégant candélabre de bronze, placé sur le pavé et se rassit.

Ils marchaient vers la Galilée à travers les chemins à peine tracés, s'arrêtant parfois pour prendre un peu de repos. (P. 133.)

— Je t'ai dit que j'attendais un courrier des Gaules. Ce courrier devait m'être envoyé par un flamine de mes amis, qui dessert un temple de la bonne déesse à Tolosa, en Gaule. Ces lettres devaient m'informer de l'arrivée d'un riche Gallo-romain qui, par le vœu de sa famille, doit se consacrer aux autels de nos dieux. J'ai déjà reçu avis de la même source des qualités sérieuses du néophyte, mais la question importante pour nous est que sa fortune surtout ne nous échappe pas, ce qui pourrait advenir dans une ville qui offre tant de séductions aux étrangers et aux barbares nouvellement arrivés à Rome.

— Il faut trouver la clé du cœur de ce jeune homme, dit Chéphrem, en secouant la tête.

— Cette clé est trouvée, dit Menkéra.

Le prêtre le regarda d'un œil interrogateur.

— Ne devines-tu pas qu'il faut frapper son imagination, par des prodiges étonnants; le lier à l'autel par la splendeur des miracles, afin de le préparer à des serments solennels, dont la terreur enchaînera à jamais sa conscience et son cœur.

— Et pour arriver à ce résultat?

— Je te le confierai dès son arrivée, car il n'appartient pas au grand prêtre de se prodiguer autour des néophytes; tu prépareras son esprit, tu le mèneras doucement et habilement dans les sentiers perdus qui cotoient nos mystères jusqu'à ce que j'aie jugé moi-même de la valeur de ses aptitudes, et que je lui aie fait voir sous de riches couleurs un but à ses travaux.

— Ma récompense?... hasarda le prêtre...

— Tes vœux seront comblés! dit évasivement l'Egyptien en se levant après avoir décroché la lampe.

Chéphrem allait ajouter quelque chose, mais déjà Menkéra avait soulevé la portière de papyrus, et, un doigt sur ses lèvres, invitait le prêtre à le suivre en silence.

Chéphrem obéit.

Ils glissèrent silencieusement sur les dalles polies du petit temple qui reflétaient la lueur rougeâtre de la lampe portée par le grand prêtre.

Lorsqu'ils furent dehors, et la lampe éteinte, ils traversèrent de nouveau le jardin rempli d'un silence harmonieusement interrompu par le jet des fontaines dans les vasques de marbre et rentrèrent dans le palais par le péristyle.

— *Vale*, dit le grand prêtre à Chéphrem avec un signe amical de la main.

Et Menkéra rentra dans les appartements intérieurs, tandis que le prêtre s'enveloppait de sa chape, manteau à capuchon qui tendait alors à Rome à remplacer la toge qui commençait à passer de mode et priait l'*ostiarius* somnolent de lui ouvrir la porte.

Le portier éthiopien fit glisser la lourde barre de fer et entr'ouvrit l'*ostium* qu'il referma discrètement dès que le prêtre fut sorti.

Chéphrem se dirigea seul et sans bruit vers le forum près duquel il habitait non loin du temple d'Isis qui en occupait une des parties, sauvegardé des embûches de la rue par ses vêtements sacrés qui le rendaient inviolable, mais non sans inquiétude, cependant, quoique la route lui fût familière et qu'il la fit souvent dans des circonstances analogues.

Les rues de Rome n'étaient éclairées que d'une façon intermittente et sommaire par des litières qui passaient de temps à autre, accompagnées d'un cortège de torches portées par des esclaves, ou de rares lanternes suspendues aux portes de quelques maisons et faites de corne ou de vessie, placées là, non pour l'utilité publique, mais pour la seule vanité des propriétaires de maisons somptueuses où se donnaient des fêtes qui duraient une partie de la nuit.

Les divinités propices le servirent cependant à souhait,

car il entendit bientôt un concert d'intruments et il vit venir dans sa direction une litière bien éclairée qu'il suivit et qui le mena à la lueur de ses flambeaux pendant une bonne partie de la route.

Et tout en marchant, il se livrait en à parté à un soliloque plein de dépit.

— O fourbe Menkéra! pensait-il, crois-tu pouvoir faire de moi un instrument si docile?

Pontife souverain d'Isis, dernier élu du « dieu noir, » usurpateur d'une dignité suprême, que tu ne dois qu'à ta ruse et à ton orgueil, c'est en vain que tu médites des projets ténébreux qui ne doivent servir que ton ambition et ton avarice; si tu sais quelque chose, Chéphrem t'arrachera ton secret et fera tomber ton prestige, et si je dois servir de rabatteur à ton avidité, si, par moi, tes trésors s'augmentent des dépouilles opimes du gallo-romain, par la triple Hécate! dussé-je avoir recours aux philtres impurs de la thessalienne, ton ennemie, tu ne m'auras pas touché sans changer, du moins, quelque chose de moi en or.

III

LES ANGOISSES DE CLAUDIUS.

Claudius était un homme favorisé du ciel.

Il en avait reçu en partage un cœur pur dans un corps harmonieusement proportionné. La jeunesse brillait sur son visage, il était né libre et riche. De bonne heure, attiré vers les sciences et les lettres, il avait été instruit par les plus illustres maîtres de Rome.

Dédaignant les basses séductions de la cité décadente, il avait voyagé et s'était longuement abreuvé aux sources même de la poésie et de l'art, butinant à l'envi ces fleurs immortelles du génie de la Grèce écloses sous des cieux cléments, en une moisson superbe de temples, de monuments et de statues.

Toute la poésie d'Homère avait roulé ses flots harmonieux dans son âme, et l'on disait même que, non content de demander à la Grèce de lui révéler les splendeurs de ses arts, il avait sollicité de bien des philosophes la science de leur sagesse, allant jusque dans les temples chercher avec avidité la clé secrète des mystères de l'Olympe et de la génération des dieux.

Une grande sagesse resplendissait sur son front. Ainsi mûri avant l'heure, il était revenu à Rome, rappelé prématurément par la mort de son père, auquel sa piété filiale s'était empressée de rendre les honneurs funèbres.

Résolu désormais à vivre en philosophe, il s'était fait construire au pied du mont Esquilin cher aux muses, une petite maison où il vivait dans la retraite, servi par une vieille esclave muette qui l'aimait comme son fils et n'avait pas voulu, quoiqu'il la lui eut offerte souvent, accepter la liberté par l'affranchissement.

Il est vrai que la position de Barbera, (ainsi s'appelait-elle,) était auprès de lui plutôt celle d'une affranchie que celle d'une esclave.

La petite maison de Claudius était un véritable asile du bon goût.

Le visiteur y entrait par un petit vestibule orné de la traditionnelle mosaïque représentant un chien attaché, entre les pattes duquel se lisait l'inscription habituelle : « *Cave Canem.* » Prends garde au chien! Mais, comme si le maître de la maison eut voulu corriger aussitôt cette première impression, une autre mosaïque plus grande portait en lettres majuscules le mot de bienvenue habituel à l'hospitalité romaine : *Salve!* salut!

A droite et à gauche de ce vestibule une *cella* s'ouvrait, de bonnes proportions. La première de ces deux chambres était consacrée à l'hospitalité; l'ami de passage à Rome y trouvait le cubiculum d'ivoire aux courtines d'écarlate, les sièges de bois incrustés d'argent et décorés de coussins moelleux, le candélabre de bronze servant à accrocher la lampe, et les tapis précieux couvrant la mosaïque de marbre pour en atténuer la fraîcheur.

L'autre, à l'orient, servait de bibliothèque et, sur des casiers placés le long des murs, de nombreux rouleaux de papyrus,[1] montraient leur tranche fragile étiquetée du nom de l'auteur et du titre de l'ouvrage.

La reproduction des œuvres de l'esprit en volumes était rare à cette époque, et une bibliothèque, à Rome, était un grand luxe qui, hélas! servait plus souvent d'étalage à l'orgueil d'ignorants parvenus qu'au bon goût et à l'esprit des lettrés souvent trop pauvres pour se procurer aucun livre.

Les anciens ayant l'habitude de lire et d'écrire couchés, malgré leur connaissance et leur usage fréquent des cathédres, un cubiculum de bronze orné de coussins brodés et voisin d'un candélabre occupait le milieu du pavé en mosaïque de couleur, où l'artiste avait dessiné un paysage au centre duquel Orphée charmait les animaux avec sa lyre.

(1) Les anciens, on le sait, ne connaissaient pas le papier que l'on fit d'abord au IXe siècle avec du coton, puis au XIIe avec des chiffons. Le premier prit naissance en Orient, le second en Europe. Pour écrire, les anciens se servaient (outre les métaux et la pierre pour les monuments) dans les relations de la vie courante, de tablettes de bois couvertes de cire sur laquelle on traçait avec une pointe d'acier ce qui n'était pas destiné à être conservé longtemps quoique parfois ils attachaient ensemble plusieurs de ces planchettes pour former un livre, autrement ils écrivaient sur des écorces de papyrus, sorte de jonc alors commun au bord du Nil d'où vint cette industrie. D'après Pline et Théophraste, on mangeait la moelle et les jeunes pousses du papyrus, on brûlait les racines et les grosses branches ou on en faisait des objets ciselés; enfin, les membranes intérieures de la tige étaient enlevées avec soin, étendues sur des tables où on les collait avec de l'eau du Nil, ensuite on doublait les feuilles en contrariant les fibres du bois, on les pressait et on les séchait au soleil, puis on les battait et on les polissait avec des instruments très lisses. Lorsqu'on voulait garantir le papyrus ainsi préparé, des actions du temps, on l'imprégnait d'huile de cèdre incorruptible et c'était là-dessus que les anciens écrivaient à l'aide de petits roseaux taillés en pointe et trempés dans l'encre. Les volumes (de *volvere*, rouler) étaient formés de ces feuilles *roulées* autour d'une baguette dont les bouts garnis d'ivoire portaient le titre du livre et le nom de l'auteur, puis placés dans des étuis fermés. Longtemps après que l'on eut connu la préparation du parchemin, on se servait encore du papyrus que l'Egypte fournissait à toute l'Europe et son usage était aussi répandu dans les Gaules qu'en Orient. Ce papyrus dont beaucoup d'exemplaires ont résisté au temps et sont conservés dans nos musées était très solide, puisque les Egyptiens en faisaient des tissus, des vêtements et des voiles de vaisseaux.

Sur des colonnes de porphyre, quelques bustes de poètes célèbres resplendissaient dans la blancheur du marbre.

Plus loin l'atrium ouvrait ses portes, laissant voir ses belles proportions carrées, son plafond en marquetterie incrustée d'ivoire, ses colonnes au style pur, ses peintures murales représentant des scènes mythologiques, ses tentures richement brodées, ses statues et ses sièges de bois étranger, avec son bassin au milieu sous l'*impluvium* à ciel ouvert.

A côté de cette sorte de salon romain accessible à tout le monde, une pièce plus privée s'ouvrait pour les visiteurs intimes. Chez Claudius, le *Tablinum*, (ainsi se nommait cette pièce), au lieu d'être luxueux, comme dans toutes les maisons romaines, affectait, au contraire, une grande simplicité.

Le jeune philosophe ne devait recevoir là, sans doute, que ses amis les plus intimes et les plus dignes, par l'élévation de leur esprit, de goûter le charme d'un décor austère qui révélait des goûts sérieux et des idées élevées.

Au lieu des scènes frivoles généralement prodiguées sur les murs de cet appartement, dans toutes les autres maisons patriciennes, on ne rencontrait là que des théories solennelles de personnages graves dans des attitudes méditatives ou hiératiques.

Les sièges y étaient exempts de mollesse et les lampadaires eux-mêmes dépourvus des figures qui les ornaient d'ordinaire, étaient formés d'une simple colonne de bronze de pur style corinthien, dont les branches pouvaient supporter six lampes. Le pavé était formé de petits cubes de marbre formant d'harmonieux dessins géométriques.

Selon la mode introduite à Rome depuis la conquête de la Grèce, un péristyle avait été adjoint à la maison, formant un carré entouré de colonnes dont le pourtour était aménagé en galerie abritée des rayons trop ardents du soleil par des voiles tendus à volonté entre chaque interstice de la colonnade

Tout autour de la galerie s'ouvraient des portes qui conduisaient à de petits appartements intérieurs, dont une salle à manger ou *triclinium*, une *cella* pour la cuisine et deux autres chambres pour les besoins divers.

Le centre du péristyle était aménagé en jardin où des plate-bandes et des parterres bien dessinés s'émaillaient de fleurs aux mille couleurs. Un bassin en occupait le centre, non pas habité par des murènes féroces auxquelles les Lucullus de l'époque servaient de fréquents repas de chair humaine, mais par d'inoffensifs poissons aux vives couleurs qui tourbillonnaient en troupes brillantes sous les rayons du soleil.

On n'y voyait pas non plus l'autel des dieux lares, encore debout dans beaucoup de maisons d'où l'hypocrisie patricienne n'avait pas osé l'exiler, quoique la mode en fut déjà bien à son déclin.

La maison était trop petite aussi pour contenir un temple, si exigu fût-il, comme les orgueilleux richards en construisaient souvent dans un coin de leurs jardins.

De grand matin, Tullius fut debout et dit à l'esclave muette, que, connaissant par ouï-dire la coutume romaine, elle eut à prévenir Claudius qu'il l'attendait dans l'atrium pour lui présenter ses devoirs.

Le romain parut bientôt et vint embrasser son hôte suivant l'usage alors très répandu.

— *Salve!* dit-il, Morphée a-t-il semé d'heureux pavots autour de ta couche?

— Je te rends grâces, Claudius, répondit le Gallo-romain, je suis frais et dispos après un sommeil réparateur, et je te demande à mon tour si les dieux t'ont ménagé le même bienfait?

— Ils ont agi de même à mon égard, mon ami; avant toutes choses, suis-moi dans le triclinium où nous prendrons le repas du matin.

Barbera l'avait préparé déjà, et les deux amis prirent le pain trempé dans le vin miellé accompagné de dattes et de fromage.

— Et maintenant, dit Claudius, tu dois être avide de voir Rome au grand jour, et de savoir par tes yeux comment se passe la journée romaine; prends ta toge et sortons.

A peine dehors, Tullius fut frappé par la grande agitation qui régnait dans les rues de la ville.

Et Claudius lui expliquait avec bienveillance le sens du spectacle qui s'offrait à ses yeux.

— Vois cette litière aux riches courtines de soie rembourrées du plus fin duvet, c'est celle de l'opulent Diomède; huit esclaves le portent, de nombreux affranchis l'adulent, et cette troupe considérable qui l'escorte, c'est la foule de ses clients, parasites qui ont mangé chez lui ce matin les restes de sa cuisine d'hier et qui vont l'accompagner partout, comme une cour obséquieuse, dans toutes ses visites de politesse et d'affaires, et jusqu'au tribunal et au forum si la fantaisie lui prend d'y aller jusqu'à ce qu'il les renvoie à midi en rentrant chez lui pour manger et faire la sieste méridienne. Ils reviendront ce soir prendre place à sa table, et, par les plus absurdes fantaisies, le maître se paiera sur leur bon caractère des frais de son dîner.

Et, étendant la main vers la colline qu'ils quittaient, Claudius indiqua du doigt ses flancs verdoyants où de riches palais et des maisons gracieuses s'étageaient au soleil levant.

— Regarde, dit-il, voici la maison d'Horace dont la médiocrité dorée s'accommode davantage du calme séjour de sa maison de Tibur que du brouhaha de Rome.

« Un peu plus loin, voici la résidence urbaine de Properce non loin de celles de Tibulle et d'Ovide. Et là-bas, le splendide palais de Mécène entouré de superbes jardins. »

— Que de gloire autour de ta maison! murmura le Gallo-romain avec envie, mais, parmi ces noms illustres, je ne t'ai pas entendu placer celui de Virgile?

— Rassure-toi, Tullius, répondit le romain, si la gloire de notre plus grand poète est venue jusqu'à toi, si tu as pour ses vers magnifiques l'admiration qui leur est justement due, je te montrerai sa maison et, si tu me restes longtemps comme un hôte fidèle, je te ferai voir de près et entendre, peut-être, cet illustre génie dont la lyre d'or arrache des larmes sincères à l'âme corrompue de Rome elle-même.

— Je vais au temple d'Isis, répondit avec mélancolie le jeune Tolosain, et tu sais que l'initiation aux mystères est longue et pénible, sans compter l'abnégation de toute joie par elle imposée aux prêtres qu'elle revêt du costume austère du plus complet renoncement.

Encore une fois le romain sourit d'une façon discrète qui échappa à son compagnon.

— Regarde ce cortège tourbillonnant, dit Claudius, ce sont les précieuses de la Voie Sacrée, qui se montrent comme les fleurs dans leurs atours du matin, ce sont les femmes de la haute société romaine, dont la religion ne va plus jusqu'à la hauteur de la morale. Elles sourient avec grâce et font la roue comme le paon paré de mille couleurs, et elles ont, peut-être, avant de sortir de chez elles, fait flageller jusqu'à l'agonie ou donner en pâture aux murènes de leur vivier, une esclave qui a mal frisé une boucle de leur chevelure.

Jadis les matrones romaines étaient l'honneur et la richesse du foyer domestique, celles-ci déshonorent et ruinent leur famille par le luxe effréné, dont le besoin les ronge et auquel elles sacrifient tout.

— Est-ce possible! se demanda Tullius qui pensait à la vertu respectable de sa mère et de ses sœurs.

— Tu les vois passer dans des atours qui les remplissent de grâce et de légèreté. Tu les verras, pour peu que tu le veuilles, s'abaisser à joûter dans le cirque et paraître dans l'arène parmi les évolutions guerrières, vêtues du manteau tyrien; frottées d'huile comme des gladiateurs, porter un bouclier et rompre des lances. Voilà les descendantes des Metellus, des Fabius et des Lépidus! Voilà les matrones de la Rome d'Octave-César-Auguste! Où sont les Gracches et Cornélie!...

— Où est ma mère et Tolosa! murmura Tullius.

— Ici ce ne sont que fortunes qui s'élèvent scandaleusement ou qui s'écroulent plus ignominieusement encore, et, ajouta Claudius en baissant la voix, regarde le mont palatin et admire la maison dorée de César, c'est de là que part l'exemple et que descendra la ruine!

— Et voilà cette Rome qui a vaincu la Grèce et l'Égypte, colonisé l'univers et asservi la Gaule!

— Et c'est cette Rome, aussi, dont la Grèce s'est vengée en la corrompant, que l'Égypte, peut-être, écrasera un jour qui n'est pas loin par une subite résurrection de son génie et que la Gaule abattra, quand elle le voudra, d'un seul coup de francisque!

— J'ai donc raison, conclut Tullius, de vouloir me consacrer aux autels, car je n'ai rien à faire dans la société romaine qui tombe et qui m'entraînerait dans la boue! Quel est ce cortège?

— Ne reconnais-tu pas le vêtement de ces flamines et les emblêmes que portent leurs mains? C'est la procession en l'honneur d'Isis et ce temple est celui vers lequel tendent tes pas depuis ton départ de Tolosa.

— Entrons! dit Tullius qui, déjà, à la suite du cortège avait gravi, entraînant Claudius, les premiers degrés du stylobate du temple parmi la foule qui en obstruait le portique.

IV

LA GRANDE DÉESSE ÉGYPTIENNE ET SON TEMPLE.

Le culte public d'Isis était un imposant mélange de choses solennelles et grotesques dont la théorie était bien faite pour enflammer l'imagination orientale.

Rome avait accueilli la déesse égyptienne avec honneur et lui avait bâti parmi les édifices somptueux du Forum un temple digne d'une si antique divinité.

Il était vaste comme le réclamait son culte qui exigeait un grand déploiement de solennité.

Tullius et son compagnon adossés à une des colonnes du *pronaos*, regardaient passer la procession qui devait faire plusieurs fois le tour du temple.

Le cortège s'ouvrait par une mascarade délirante de personnages grotesques de toute espèce, qui figuraient le monde profane avec tous ses vices et toutes ses passions déchaînées.

C'était, en quelque sorte, le prologue de la représentation solennelle des mystères sacrés.

Puis, des femmes habillées de blanches stoles, couronnées de fleurs et tenant des attributs divers, jonchaient le passage de fleurs effeuillées.

D'autres portaient des miroirs polis retournés sur leur

dos, afin qu'en s'avançant, la déesse vit se réfléchir en eux le cortège empressé qui l'accompagnait.

Plusieurs portaient des peignes d'ivoire et faisaient le geste de coiffer la divinité, d'autres répandaient sur le parvis de marbre, goutte à goutte, de précieux parfums.

Puis, c'était une foule de gens portant des lanternes, des lampes, des cires et des torches allumées, pour indiquer que la déesse commandait aux clartés des astres et se la rendre favorable par ces hommages lumineux.

— Voici maintenant l'orphéon sacré, dit Claudius en indiquant à son compagnon une troupe d'instrumentistes, qui s'appliquaient à tirer des flûtes et des chalumeaux, des sons suaves qui accompagnaient les paroles d'une cantate psalmodiée par des jeunes gens, vêtus d'un costume éblouissant comme la neige.

— Et voilà les musiciens de Sérapis, répondit Tullius, en voyant des artistes s'apprêter à jouer des airs bizarres sur la flûte traversière qui s'appliquait contre leur oreille droite. Tolosa ne nous montre pas de pompes semblables, ajouta-t-il, en voyant s'avancer la troupe des ordonnateurs nombreux qui étaient chargés de maintenir l'ordre et de préparer le passage au cortège.

Ils étaient suivis par la foule pressée des initiés aux mystères de tous les temples, qui s'avançaient en ordre, vêtus de robes blanches, les hommes portant la tête rase et le crâne reluisant sur le sommet, les femmes à demi cachées par un voile transparent qui couvrait leurs cheveux parfumés d'essences pénétrantes.

Tous ces assistants tiraient des sons aigus et discordants des cistres de bronze, d'argent ou d'or, qu'ils tenaient entre leurs mains.

Enfin apparaissaient les prêtres vêtus d'une longue *talaris* blanche qui leur couvrait la poitrine, était serrée à la taille et traînait derrière eux.

A leur vue, la foule s'inclinait, saisie par la majesté du spectacle imposant.

Le premier portait entre ses mains une lampe d'or en forme de gondole, d'où s'échappait une lumière éclatante dont nul profane ne connaissait la nature ni l'origine mystérieuses.

Le second portait dans chaque main un autel en miniature, symbolisant la protection constante de la déesse.

Le troisième élevait solennellement un rameau d'or du plus précieux travail et le caducée de Mercure orné des deux serpents symboliques.

Le quatrième portait d'une main un sceptre formé d'un bras gauche avec sa main ouverte symbolisant la justice, et de l'autre, une coupe d'or pleine de lait, dont il arrosait le pavé.

Un cinquième portait un vase d'or d'où s'élançaient des rameaux d'or, tandis que son suivant, le dernier, tenait avec recueillement une amphore entre ses mains.

Et derrière eux, portées par d'autres personnages, s'avançaient les statues des dieux mollement balancées par le pas scandé des porteurs.

Enfin un dernier mouvement de curiosité passa dans la foule à la vue du grand-prêtre, entouré de trois ministres, dont l'un portait devant lui l'effigie de la déesse soigneusement appuyée sur sa poitrine, un second à sa droite, la corbeille sacrée contenant les mystères de la religion égyptienne cachés à tous les yeux, et le troisième à sa gauche, la petite urne d'or dont le fond rond était couvert d'hiéroglyphes; c'était l'*hydria*, cachant à tous l'eau symholique, cet élément nécessaire au culte de la grande déesse Isis, pendant que le sang des victimes hurlant sous le couteau, coulait sur les autels.

— Sortons, dit Claudius, tu viens de voir une des faces innombrables de la religion romaine et pas la moins imposante, je l'avoue, mais comme un beau vestibule de marbre qui donnerait accès à un palais en ruines où toutes les immondices se disputent une place à l'ombre pour la décomposition, sous ces solennelles apparences se cachent tous les vices qui minent sourdement une société qui s'en va à grands pas vers l'abîme.

Tullius jeta un regard mélancolique vers le fond du temple, où s'élevait la statue colossale de la déesse, derrière laquelle les derniers personnages du cortège allaient disparaître.

— Tu regardes le grand-prêtre, dit Claudius à voix basse, regardes-le encore une fois pour le reconnaître, c'est celui pour lequel tu as des lettres de Gaule, c'est Menkéra l'égyptien, il demeure au Velabre, non loin de Capena, dans un des plus riches palais de Rome; il a d'innombrables esclaves, des quantités de clients, une villa somptueuse à Tibur, des trésors que César envierait s'il en connaissait l'étendue; son orgueil n'a d'égal que sa fourberie et sa corruption surpasse tout ce qu'on peut imaginer.

— O Claudius! dit le gallo-romain dès qu'ils furent de nouveau dans le forum, qui es-tu donc pour parler ainsi de tout ce qui nous entoure. D'où vient l'amertume que répandent tes lèvres et où va la douleur qui, sans doute, étreint ton cœur? Es-tu donc un dieu ou serais-tu un démon?

— O Tullius, répondit le romain, je ne suis ni un dieu ni un démon, je ne suis qu'un homme, un romain que Rome écœure et qui voudrait être athénien et libre. Ce que je vois autour de moi soulève mon cœur de dégoût et voilà d'où vient mon amertume; quant à ma douleur, elle relève de l'espérance, car, crois en un sage, le monde est sur le point d'osciller sur sa base, un jour nouveau doit se lever sur l'univers. Quel sera ce soleil, d'où viendra cette clarté? J'en sais trop pour ignorer, pas assez pour savoir, je me recueille, j'étudie, j'attends et j'espère!

Comme ils traversaient un bosquet consacré à Cybèle, ils rencontrèrent une vieille femme sordide, au visage parcheminé et noir comme la poix, qui les regardait avec des yeux remplis d'un feu sombre et haineux.

Les deux hommes firent simultanément un geste familier et secret auquel les romains attribuaient superstitieusement le pouvoir de détourner les dangers du *mauvais œil,* et ils allaient passer outre, lorsque la vieille grommela entre ses dents :

— Il y a des jours où les bêtes de l'amphithéâtre ont faim et d'autres jours où la hâche des licteurs a soif.

— Par Hécate! s'écria Claudius, que dis-tu, vieille sorcière? est-ce que les vapeurs de ta cuisine ont troublé ta raison comme les fumées de ton chaudron ont tanné ta vieille peau? Va préparer tes philtres thessaliens dans ton antre obscur et laisse Apollon rayonner sur le monde pacifié. Cesse de nous empester de ta haine croupissante comme l'eau infecte des marais pontins.

— Ne marche pas sur la queue du serpent, jeune insensé, répondit la Saga, car le serpent peut ramper et piquer le pied, comme il peut se dresser et attaquer la gorge. Tu insultes la servante d'Hécate comme tu railles la divinité d'Isis; et toi, gallo, pourquoi tardes-tu à chausser le papyrus et à dépouiller ta tête, sais-tu si l'on échappe à son destin?

— La vieille nous a entendus, murmura le gaulois, sa méchanceté pourrait dénoncer tes paroles au préteur, mais que sait-elle donc de moi? O Claudius! n'es-tu pas sacrilège envers les dieux de Rome quand tu accuses leurs autels d'être les vestibules de tous les crimes?

— Ecoute, répondit Claudius en s'éloignant, la parole d'un sage qui répandit en Grèce les pures clartés de l'Olympe :

> Rends aux dieux immortels le culte consacré,
> Garde ensuite ta foi!...

Voilà le conseil de Pythagore; je respecte les dieux, mais je garde ma foi, et ma foi à moi, vois-tu, Tullius, consiste à

La promesse accomplie.

Je vous salue, ô Marie pleine de grâce!
l'Eternel est avec vous et il vous a bénie entre toutes les femmes! (P. 137).

croire que l'univers attend un Dieu nouveau qui sera pur, un Dieu inconnu auquel Athènes a déjà élevé un autel et qui ramènera dans le monde le bonheur et l'innocence de l'Age d'or. Mais voici que le soleil est au milieu de sa course, il est temps de rentrer à la maison pour le repas de midi et la sieste, car la chaleur et la mode, chaque jour, dépeuplent pour trois heures les rues de Rome, à tel point que les revenants seuls osent maintenant s'y aventurer, ne pouvant plus les parcourir pendant la nuit que l'orgie romaine illumine et remplit de clameurs jusqu'au lever du jour.

Ils regagnèrent ensemble le pied de l'Esquilin et rentrèrent dans la maison de Claudius où ils trouvèrent la table déjà servie par les soins diligents de la vieille Barbera.

V.

UN ÉCLAIR DANS LES TÉNÈBRES.

Toutefois, quoi qu'il fît grand jour, une chose importante leur avait échappé.

La vieille sorcière avait marché aussi vite qu'eux et, se faufilant comme une couleuvre à travers la foule des gens de toute sorte qui rentraient chez eux pour le repas et la sieste, elle les avait suivis et maintenant, accroupie dans le renfoncement d'une boutique, elle semblait guetter le moment propice où un esclave sortirait de la maison, pour l'interroger.

Son attente fut vaine et eût été longue encore, peut-être, si la marchande de sorbets à la neige et de fruits tropicaux qui occupait la boutique ne l'eut remarquée, tant ses haillons et sa sinistre figure contrastaient avec le luxe du quartier patricien.

— Holà! dit-elle, per baccho! Phébus a-t-il chauffé ton crâne au point d'avoir paralysé tes pieds? que fais-tu là, vieille femme? le maître de la maison ne veut pas de mendiants à sa porte.

Contre son ordinaire, la vieille ne proféra, en réponse à ces paroles, aucune des imprécations dont elle était coutumière.

Elle se leva lentement sur ses pieds et, d'une voix chevrotante et profondément cassée :

— Marchande, dit-elle, que les dieux te soient propices et fassent affluer chez toi les clients et leurs sesterces! Tu aurais certainement pitié de la soif intense d'une pauvre vieille femme en échange de ses bénédictions qui sont sa seule richesse?

— Par Castor et Pollux! elle a le mauvais œil, murmura la marchande de sorbets à la neige en considérant l'étrange vieille, je gagerais que cette fille de l'Etrurie médite quelque noir dessein; ne l'irritons pas.

Et, prenant un sorbet, elle le lui présenta :

— Tiens, dit-elle, rafraîchis-toi et regagne ta demeure en paix sous la protection des dieux.

— Je te rends grâces, marchande, dit la vieille en dégustant la boisson glacée; mais, dis-moi, quel est le noble romain qui habite cette demeure?

— C'est le jeune Claudius Cornelius Rufus, un philosophe et un poète, maître d'une grande fortune, aussi modeste qu'il est riche. Il est servi par une seule esclave muette qui ne parle que par signes que je suis bien obligée de comprendre, car elle m'achète souvent des dattes, des pastèques et des *mustacea* qui sont la gloire de ma boutique et que je fais de farine, de vin doux, de graisse et de fromage avec de l'anis, du cumin et du laurier.

— Avec quel ami vient-il à l'instant de franchir le Salvé de sa maison?

— La muette me l'a dit par signes, car elle le sait, le digne Claudius n'ayant pas de secrets pour elle; c'est un jeune gaulois de Tolosa du nom de Tullius, qui vient à Rome pour se consacrer au service d'Isis, mais que le noble Claudius engage à rester avec lui le plus longtemps possible.

— Que les dieux te récompensent et te comblent de biens, marchande, dit la vieille en rendant la coupe et en se remettant en route dans la rue maintenant déserte et chauffée à blanc par le soleil de midi.

— Personne ne m'échappera, par Hécate! grommela-t-elle entre ses dents en s'en allant avec une peine affectée. Les hommes m'importent peu, je les méprise et je les hais, mais l'or coule parmi eux en cascades étincelantes et il m'en faut! Pourquoi faire? Rien, sans doute; est-ce que j'ai besoin d'or, moi? La vapeur de mes enchantements me nourrit, me dessèche et me conserve; mais mes yeux, ah! mes yeux ont besoin de voir briller l'or flave et mes oreilles veulent entendre le choc argentin des sesterces!

. . . .

Si la vieille eut attendu quelque temps de plus, elle eut vu, vers la quatrième heure, les deux amis sortir de nouveau pour gravir la pente douce de la colline et entrer chez Mécène, qui possédait une des plus grandes bibliothèques du temps d'Auguste, ouverte à tous ceux qui voulaient s'instruire, copier des manuscrits rares ou les faire copier par leurs esclaves pour enrichir leurs bibliothèques particulières.

— Voici, dit Claudius à son compagnon, les merveilleux jardins et le palais splendide du père des Muses latines. A cette heure, la table est servie chez Mécène, le festin est commencé et les convives nombreux et illustres chantent sur tous les tons la gloire de leur patron.

Cependant de nombreux promeneurs parcouraient les jardins, solitaires ou par groupes, livrés à leurs réflexions ou aux conversations les plus variées, dont la majeure partie, sans doute, était consacrée aux lettres et à la philosophie.

La bibliothèque, un véritable palais à elle seule, s'élevait au milieu de bosquets aux frais ombrages, peuplés de statues et décorés de fontaines jaillissantes, qui y entretenaient une agréable fraîcheur favorable à l'étude.

Comme ils entraient sous un de ses portiques, Claudius vit venir à lui un homme sévèrement vêtu d'une tunique le lin à manches, sur laquelle était jeté un manteau simple de couleur sombre. Ses pieds étaient chaussés du soulier de ville en peau, aucun ornement ne décorait sa personne, et, contrairement à la mode actuellement en vigueur à Rome, sa barbe était longue et ses cheveux tombaient sur ses épaules, partagés régulièrement sur le sommet de la tête.

Sa ceinture portait bien, comme celle de tous les hommes instruits, les tablettes de cire et le style d'acier, mais on n'y voyait pas la bourse, cet indispensable vade-mecum de l'habitant de la Rome d'Auguste.

— Que la paix soit dans ton cœur, Claudius-Cornelius-Rufus, dit le nouveau venu avec un sourire.

— Ben-Jokaï, répondit le romain, Claudius-Cornelius-Rufus te salue et te présente un ami d'hier arrivé de Tolosa, en Gaule, pour se fixer à Rome.

Et à Tullius :

— Celui-ci est Ben-Jokaï l'essénien, venu depuis longtemps d'Hierouschalaïme[1] à Rome, pour semer des lys près de la loge des pourceaux.

— Tu as bien parlé, Claudius-Cornelius-Rufus,[2] dit le juif avec un geste plein de dignité; les pourceaux d'Epicure festinent à cette heure sur les gémonies, les temps sont proches où la fange va se changer en abîme pour engloutir les adorateurs de Pan, la semence des lys est jetée en terre depuis le commencement du monde, mais les lys ne fleuriront qu'aux rayons du divin Messie et quand les nues feront pleuvoir la justice en rosée.

Et, se tournant vers Tullius :

— On vient à Rome, jeune étranger, pour être un pourceau, un philosophe ou un proscrit; quelle place allez-vous y choisir?

(1) Jérusalem.

(2) Donner dans la conversation à un romain ses noms et prénoms, constituait une marque de haute considération.

— Je suis voué aux dieux, répondit Tullius avec modestie, et les autels de la grande Isis m'attendent à cette heure; sans le noble Claudius, j'aurais déjà remis mes lettres de créance au grand prêtre Menkéra.

— Quand Alexandre-le-Grand, dit d'un ton grave Ben-Jokaï, vint à Hierouschalaïm, quoique souverain pontife dans la religion des dieux étrangers, le grand prêtre lui ouvrit les portes du temple, et frappé par la majesté du SAINT DES SAINTS, il offrit au Dieu unique le sacrifice de propitiation et de louange dont la vapeur fut agréable à JAHVEH. Mais si Menkéra y venait, drapé dans l'orgueil de ses vices et dans le mensonge d'une sacrificature usurpée et souillée, sa main se sècherait en prenant l'encensoir, et si le Saint n'envoyait pas pour le dévorer, le feu du ciel réservé pour l'holocauste, la terre s'ouvrirait sous ses pas impurs pour l'engloutir. Ah! jeune gallo! quand tu auras vu ce que couvre d'immonde la religion romaine et les turpitudes qui baignent les pieds marécageux d'Isis l'égyptienne, demande-toi si la religion pure n'existe pas sur quelque sommet et informe-toi du nom de Mosché[1] et de son œuvre sublime!

— Ben-Jokaï, homme sage, dit Tullius, je suis né dans la religion romaine, mais pourquoi, je te le demande, Rome, si hospitalière à tous les dieux des nations, ne connaît-elle pas le tien et ne lui a-t-elle pas élevé un autel parmi les temples innombrables qui peuplent le forum et les places publiques de la ville? Es-tu donc le seul homme de la Judée qui ait jamais parcouru le monde pour parler de son Dieu?

— Non, jeune homme, répondit l'essénien; notre peuple est partout et il a répandu sa foi sur toute la surface du monde, depuis les rives de l'Indus jusqu'à celles du Tagus,[2]

(1) Moïse.

(2) Le *Tage*, en Espagne.

dont les flots baignent l'Ibérie;[1] les Parthes, les Mèdes, les Arabes, les Egyptiens, les Lybiens, les Grecs et les Chinois eux-mêmes nous connaissent, et dans toutes les villes de tous ces peuples, on lit les livres de la loi dans les synagogues où se réunissent nos frères; partout on repousse, selon le commandement de Mosché, les dieux étrangers, car notre Dieu est le seul qui ait fait le ciel et la terre, envoyé des prophètes et promis le Messie; il est pur et tient en abomination les scandales des nations et la honte de leurs dieux. Mais nul temple ne lui est élevé ailleurs que dans Tsione et nul sacrifice ne lui est offert sur la terre des nations; notre Dieu n'a qu'un peuple, un temple, un sacerdoce, un autel, un culte, car JOAH ELOHÏM est un Dieu pur, unique et jaloux!

— O Ben-Jokaï, dit le gaulois, ta religion est-elle plus grande et plus belle que celle de l'Egypte, de l'Hellade et du Latium?

Un sourire dédaigneux effleura les lèvres de l'essénien.

— Ecoute, dit-il. L'Egypte a, jadis, au temps de Pharaon et de Mosché, possédé un rayon de la lumière, et c'est de l'obscurité de ses pyramides que Jaoh,[2] le Dieu unique, a tiré Mosché pour en faire le prophète de son peuple choisi. Ceux-là seuls sont saints qui croient en Jéhovah et aux tables de sa loi donnée par lui-même à Mosché au milieu des éclairs sur la montagne du Sinaï, quand Mosché eut soustrait à la colère du Pharaon le peuple choisi, après avoir répandu sur la terre du Nil les plaies du Très-Haut. C'est

(1) Valère Maxime, historien du siècle d'Auguste, atteste l'influence des juifs à Rome. Le cardinal Maï, cite dans ce même sens, un fragment de Januarius Nepotianus. M. Bonnetty a également étudié la question de l'influence des juifs à Rome. Enfin, en étudiant l'histoire religieuse de beaucoup de peuples, on y découvre que les juifs qui y avaient étendu leurs ramifications commerciales y avaient aussi répandu leurs traditions sacrées.

(2) Jaoh, Jahveh, Joah, Elohïm, Adonaï, sont des noms attribués par Moïse et les saintes Ecritures à Jéhovah, Dieu d'Israël.

Mosché qui a été chargé par le Seigneur Saint de révéler au peuple élu le mystère des êtres et des choses du monde universel et la voix de Joah a parlé par sa bouche et par celle de ses prophètes, pour enseigner aux hommes leurs devoirs envers Celui contre lequel le père et la mère de l'humanité ont péché et sont tombés du ciel sur la terre aride de l'expiation.

— Tu es un sage, murmura Tullius, je le vois bien, initie-moi à tes mystères et peut-être abandonnerai-je Isis!

Claudius les écoutait, respectueusement attentif aux paroles de l'essénien.

— Regarde, continua Ben-Jokaï, dans quel cloaque est tombée la religion des nations. Cette Rome que tu vois a mis sur ses autels les vices les plus dégradants et décoré du nom de mystères les plus infâmes saturnales. Cette Grèce dont tu parles ne croit pas à ses dieux et, de la religion d'Homère, n'a retenu que l'imbécillité de Zeus et les turpitudes de l'Olympe tout entier. Et cette Egypte d'où sort l'Isis que tu adores, s'égorge pour des chats, des crocodiles et des oignons, tout y est dieu excepté Dieu lui-même et tout romain sincère te dira qu'en ce siècle, sous la protection de Rome qui a des milliers de dieux et des multitudes de prêtres, ceux d'Isis passent pour être la lie la plus impure du genre humain.

« Si la religion ne produit pas ici de guerre civile, c'est parce que nul ne croit aux dieux qu'il est censé adorer et qui, en réalité, sont la sauvegarde et l'excuse des plus honteuses corruptions.

» Ne crois pas, cependant, ô jeune gallo, que la religion des nations soit un vain mot. Le Dieu unique a mis le sceau de sa vérité sur le front de l'homme universel et l'homme a eu beau traîner son front dans la boue, le sceau de Dieu y est resté et l'homme s'en souvient sous tous les cieux du monde.

» L'univers, ô gaulois, attend un Messie puissant qui

répandra sur ses campagnes le Verbe d'Adonaï et réconciliera le monde avec le Seigneur en élevant la terre jusqu'aux cieux.

— Continue, noble Ben-Jokaï, j'écoute avec respect tes étonnantes paroles.

Ils avaient quitté le portique et s'étaient assis sur le banc de marbre d'un bosquet solitaire.

— Je ne te parlerai pas le langage de nos prophètes, à toi qui veux être prêtre d'Isis, mais je t'enseignerai la tradition du monde, car ces pieds que tu vois ont foulé les routes de l'univers.

« As-tu visité Athènes qui attend le Dieu futur et lui a élevé un autel? O Gaulois, dans ton propre pays, dans cette Gaule romaine d'où viennent tes pas, as-tu visité Burdigala [1] et, parmi les autels, y as-tu vu celui du Dieu inconnu? [2]

» As-tu porté tes pas jusqu'à Autricum, [3] as-tu vu dans ses forêts l'image de la *Vierge qui enfantera?* [4] L'as-tu vue vêtue de la robe *talaris* avec la *pœnula* qui couvre ses épaules et le *flammeum* qui voile son front, assise sur son trône et tenant sur elle l'enfant mystérieux qui porte le monde en sa main gauche et lève la droite pour bénir?

» Je ne te parlerai pas, du reste, de la Gaule, dont chaque province porte dans son cœur et célèbre publiquement le culte de la Vierge auguste qui doit donner au monde le Roi de la paix, le vainqueur du dragon, Celui qui offrira à Dieu le sacrifice sans tâche prédit par Melchissédech et entrevu par Hermès lui-même.

— Je n'ai pas été, sans entendre parler, ô noble essénien, d'une tradition antique annonçant un grand événement qui doit changer la face du monde universel.

(1) Bordeaux.

(2) Saint Martial, épît. ad Burdig. Bar., an. 52, voir l'abbé Arbellot.

(3) Chartres.

(4) Statue druidique et prophétique, honorée aujourd'hui sous le nom de Notre-Dame de Chartres. Historiens : Souchet et Plutard.

— Oui, le monde entier attend que la Vierge inaugure le renouvellement de la grande année des siècles! Interroge les poètes latins; écoute Ovidius chanter dans sa *Vetula* : « O Vierge heureuse! ô Vierge prédite par les Etoiles où l'Epi brille! » Ecoute Virgilius chanter l'avènement prochain de l'enfant mystérieux qui doit sauver le monde; les connais-tu ces vers de Maro le Mantuan,[1] demande à Claudius de te les réciter.

Et, s'adressant au romain :

— Dis-nous, ô Claudius, dis-nous les vers du grand poète.

— O Ben-Jokaï, répondit le romain, qu'il soit fait selon ton désir; voici ces vers admirables :

. . . .

« L'âge suprême prédit par la Sybille de Cumes dans ses vers est enfin arrivé. La grande année des siècles recommence son cours. Déjà la Vierge revient, déjà reviennent les temps de Saturne, déjà une race nouvelle descend des hauteurs des cieux!

» Et toi, chaste Lucine,[2] sois propice à l'enfant qui va naître et par qui finira d'abord l'âge de fer et renaîtra un âge d'or pour l'univers entier! Déjà règne ton Apollon!

» Ce sera sous ton consulat, Pollion,[3] que cette gloire du ciel éclatera et que recommencera la marche des grands mois.

» Ce sera sous les auspices de ton pouvoir que les traces de notre crime, s'il en reste encore, seront effacées et que le monde sera délivré d'une alarme éternelle.

» Cet enfant vivra de la vie des dieux; il les verra se mêler aux héros; il en sera vu à son tour et il gouvernera le monde qu'auront pacifié les vertus de son Père.

» Enfant divin, la terre devenue pour toi féconde, sans culture, te prodiguera ses présents...

(1) Virgile était né à Mantoue.

(2) Déesse qui présidait à la naissance chez les païens.

(3) Personnage consulaire du siècle d'Auguste.

» Le serpent périra ; avec lui périra l'herbe fallacieuse du poison et partout naîtra de lui-même l'amôme d'Assyrie !

» Tournez et filez de tels siècles ! ont dit de concert, à leurs fuseaux, les Parques toujours fidèles aux ordres immuables du destin.

» Mais le temps va venir ; prépare-toi aux honneurs suprêmes, cher enfant divin, noble rejeton du Souverain Dieu. Vois la masse convexe du monde qui se meut sous son pied, vois les terres, vois les océans vastes, vois les cieux profonds, vois comme tout tressaille de joie dans l'attente du siècle qui va naître ! [1] »

. . . .

Claudius se tut.

— Le monde entier, ô gaulois, reprit l'essénien, et non pas seulement Rome, attend la naissance de l'enfant mystérieux que nos Livres sacrés appellent le Messie et tous les savants, qui interrogent les étoiles, ont vu dans les cieux l'image de la Vierge sans tache, qui foule aux pieds le serpent et présente à l'adoration du monde le Saint qui va venir.

« Il n'est pas jusqu'aux temples eux-mêmes des dieux des nations qui ne retentissent d'une multitude d'oracles qui annoncent la venue du Réparateur suprême de la faute antique.

» D'un bout à l'autre de l'Empire romain, on récite les vers des sybilles, dont le capitole conserve la copie fidèle.[2] »

— Et dis-moi donc d'où viendra ce rejeton du miracle ?

(1) 4e églogue de Virgile à Pollion. Ces vers furent lus au Concile de Nicée par Constantin, comme une confirmation des Ecritures. Lactance : *De vita beata*, VII, 24 ; S. Augustin : *De civitate Dei*, l. x, c. 27, les regardent comme une prophétie de la venue du Rédempteur.

(2) L'existence de la prophétie sybilline, antérieurement à l'avènement du Messie, est attestée par S. Justin, Athénagore, Théophile d'Antioche, Tertullien, les Constitutions apostoliques, Lactance, Eusèbe, S. Jérôme, S. Augustin, S. Clément d'Alexandrie. Héraclite, Platon, Aristote, Varron, etc., ont rendu hommage aussi à ces prophéties concernant le Messie.

— Les livres sybillins te l'apprennent lorsqu'ils te disent : « Quand la maison de David aura poussé un rejeton, une racine unique rassasiera les hommes d'une nourriture divine.

» Le Fils du Tout-Puissant, pour exercer la justice, descendra dans le sein d'une Vierge pure, revêtant la forme de l'homme qui ressemble à Dieu. Réjouis-toi, chaste fille de Tsione, ton roi lui-même, doux à tous les regards, entre dans tes murs pour terminer ta servitude, abolir les lois impies et briser les chaînes de la violence ; pénètre bien ton esprit du Christ, fils du Dieu Immortel, Très-Haut, qui accomplira sa loi sans l'abolir, réalisateur de la figure primitive et docteur de toute vérité.

» Alors un signe sera donné subitement aux mortels, le peuple hébreu se brisera contre la pierre excellente qui reviendra d'Egypte, mais les nations se réuniront par elle, ils connaîtront Dieu, maître du ciel, et une lumière commune les guidera.

» Quand Rome sera la maîtresse de l'Egypte et réunira tout sous sa puissance, le Roi Innocent, Saint, arrivera, tendant son sceptre sur toute la terre, par tous les siècles et pendant tout le cours pressé du temps.[1] »

— « Tu le vois, ô gallo, le capitole garde un flambeau qui éclaire la venue du Saint à travers les ténèbres du monde embourbé dans le culte des divinités impures.

» Le Saint viendra de l'orient ! Le Saint viendra de l'occident ![2] C'est ainsi que parlent les peuples qui précèdent ou suivent le soleil, mais nous qui sommes inspirés par l'esprit de JOAH ELOHÏM, nous savons où naîtra le Saint et nous attendons la gloire d'aurore que répandra son berceau.

(1) Les livres sybillins, *passim*.

(2) Jérusalem étant le point visé par les prophéties et désigné par le cycle de Daniel, comme on le verra plus loin, les peuples, selon leur position géographique, attendaient le Messie, les uns en Orient, les autres en Occident, mais tous au même lieu.

» Adieu, gallo, le jour est proche où les autels des nations et les trônes des empires vont trembler sur leurs bases, les rois pâliront de terreur et les trépieds sans oracles seront renversés par les pythonisses muettes, prends garde, car un rapide naufrage attend la barque condamnée d'Isis!... *Salve!* »

A ces mots, l'essénien se leva et, se drapant dans les plis sombres de son austère *pœnula*, il s'éloigna d'un pas majestueux.

— Ben-Jokaï! s'écria le gaulois prêt à le suivre, que faut-il faire pour connaître la lumière?

Mais l'essénien mit un doigt sur sa bouche comme pour lui ordonner le silence et continua sa route à travers les jardins de Mécène, dont les massifs épais le dérobèrent bientôt aux yeux des deux amis.

— Voilà un homme étrange, dit Tullius, quand il fut un peu revenu de sa surprise et de son admiration. Que penses-tu de tout ceci, Claudius?

— Je pense, dit le romain, que mon cœur souffre et que l'univers agonise en attendant son salut!

DEUXIÈME PARTIE

LES ANNEAUX DU SERPENT

I

L'ANTRE DE LA SAGA.

L'ombre opaque d'une nuit chargée de nuages enveloppait la ville d'Auguste.

Traversant le Vélabre en fête, un homme sans souci de l'obscurité, marchait d'un pas alerte, enveloppé d'un épais manteau dont le capuchon couvrait à demi sa tête sans cheveux.

Arrivé à la porte Capena, il la franchit sous l'œil du centurion immobile à son poste de garde et s'engagea sur la chaussée de lave, bordée de tombeaux, qui traverse les marais pontins, la célèbre voie Appia.

Sans se soucier du sifflement du vent à travers les monuments funèbres ni des ombres vagues et mouvantes formées par les cyprès frémissants, il allait vers un but que lui seul, sans doute, connaissait.

Il marcha tant que ses yeux ne virent pas le chemin de traverse qu'il cherchait.

Enfin, il fit un coude à gauche, passa entre deux rangées de tombeaux et interrogea la nuit, un instant arrêté, l'œil et l'oreille aux aguets. Une faible lueur, pareille à un feu follet, dansait à quelques pas dans les ténèbres.

Résolument il se dirigea vers l'endroit où brillait cette frêle étincelle.

Bientôt il arrivait à des ruines au milieu desquelles une porte basse donnait accès dans la cella d'un tombeau abandonné et, retenant sa respiration, il regarda silencieusement par l'étroite ouverture.

Scandant à mi-voix une mélopée bizarre et lugubre, une affreuse mégère accroupie devant un feu de cyprès, mêlait avec une baguette de bronze le contenu fumant d'un chaudron qui chauffait placé sur un trépied bas.

Une lampe fumeuse était accrochée par sa chaîne à un clou fiché dans la voûte du tombeau dont les murailles étaient encombrées de plantes de toutes sortes en bouquets et rangées de manière à sécher du mieux possible.

Le fond de cet antre était occupé par un autel en ruines, peut-être, une vieille urne funéraire, sur laquelle trônait la statue de la triple Hécate, à la tête formée des crânes d'un sanglier, d'un cheval et d'un chien.

Un crapaud hideux gonflait son corps pustuleux près du socle de la divinité du lieu, tandis qu'un chat au poil noir et aux yeux de braise ardente, était couché près de la vieillle femme, laissant à un serpent allongé paresseusement, la plus grande part de la chaleur du foyer.

L'homme sembla hésiter à interrompre l'incantation magique de la vieille mégère qui ne paraissait pas deviner sa présence.

Mais les animaux le sentirent et sortirent peu à peu de leur apparente léthargie.

Le crapaud se gonfla davantage et fit un saut en avant, le serpent se dressa et lança un sifflement strident et le chat

Regardez, dit-elle à ses servantes, la visite que m'envoie la bonté du Seigneur ! (P. 139.)

se leva, hérissant ses poils noirs et dardant vers l'*ostium* du tombeau ses yeux flamboyants.

— Qui va là? dit la vieille en relevant vers le seuil sa tête hideuse. Toi qui n'as pas peur des ombres, si tu viens en ami vers la *Saga*, tu peux pousser la porte et entrer.

Et s'adressant aux trois animaux, elle siffla entre ses dents branlantes quelques mots étranges.

Les trois hideuses bêtes rentrèrent aussitôt dans leur première attitude béate et somnolente.

Alors, l'homme rassuré, sans doute, poussa la porte et entra.

— Qui es-tu, toi, qui oses descendre vivant parmi les mânes? demanda la vieille d'une voix sépulcrale.

L'homme écarta les plis de son manteau et apparut vêtu des habits sacrés des prêtres d'Isis.

— Ah! ah! ricana la vieille femme, en montrant dans un sourire hideux ses dents jaunes, branlantes et déchaussées, tu es Chéphrem, prêtre d'Isis; qui t'amène vers la sombre fille de l'Etrurie?[1]

— Tu l'as dit, Saga, répondit le prêtre d'Isis, je suis Chéphrem, prêtre de la grande déesse égyptienne, et je viens réclamer ton aide pour une œuvre complexe.

— La fille de l'Erèbe est faite pour les œuvres de la nuit, dit la sorcière en continuant à mélanger avec sa baguette d'airain le contenu de son chaudron, parle, qu'attends-tu de moi?

— Ton aide, t'ai-je dit, d'abord, et ton silence ensuite.

— Je n'habiterais pas parmi les tombeaux si je n'étais capable d'être aussi muette qu'eux. Que manque-t-il à ton bonheur?

— L'or! rugit Chéphrem, et la vengeance!

La vieille eut un démoniaque sourire.

— Tu n'es pas difficile, dit-elle, et ton ambition me plaît;

(1) Les Etrusques étaient célèbres dans l'art des enchantements et fournissaient, avec la Thessalie, la plupart des sorcières du monde antique.

moi aussi, j'aime l'or et moi aussi, j'aime la vengeance! mais, tu le sais, le désir n'est rien sans la réalisation et celle-ci est difficile. Tu n'ignores pas quelles sont les rigueurs des lois de la cité romaine, et, si le prêteur s'en mêle, il nous fera certainement passer un terrible moment des conséquences duquel tous les enchantements du monde ne sauront nous préserver.

— Aussi, ai-je songé à tout, cesse de te tourmenter et songe à faire avec moi un pacte d'alliance dont sera témoin la terrible déesse qui préside aux œuvres infernales. Jure donc, par Hécate, que tu es prête à me seconder et je ferai couler dans ta retraite les flots même du pactole!

— Je suis prête à te seconder, dit la vieille et à pactiser avec toi, par Hécate, mais à la condition que tu ne m'obligeras à te fournir aucun poison.

Chréphrem réfléchit un instant.

— Soit, dit-il enfin, tu me serviras avec toutes les autres ressources de ton art. Ecoute-moi : Menkéra est un vil aventurier qui usurpe le suprême pontificat que les destins m'avaient réservé, je hais Menkéra, et comme je sais que tu le hais aussi, notre cause est commune. Il faut que Menkéra disparaisse, aide-moi dans cette œuvre et la moitié de ses trésors t'appartient.

— Et comment comptes-tu t'y prendre pour hériter prématurément du grand prêtre d'Isis?

— Laisse-moi faire, vieille, et réponds maintenant au messager du grand prêtre : quels sont les résultats de ta mission?

— Le gaulois est arrivé porteur des lettres attendues, et présentement, il loge chez Claudius-Cornelius-Rufus, au pied de l'Esquilin. Je sais de bonne source que Claudius le détourne du temple d'Isis et que le gaulois est sur le point d'abandonner, pour vivre en philosophe ou retourner dans sa patrie, le but de son voyage. Je sais aussi qu'un juif maudit du Transtévère[1] a fortement ébranlé son esprit, en mêlant à ses imprécations contre Isis, l'assurance que, seuls, les prêtres de son Dieu connaissent le mystère des mystères et le secret obscur de la prophétie qui annonce la gloire prochaine de *Virgo* par le signe de *Pisces*. Je sais encore que toute la domesticité du noble Claudius se compose d'une vieille esclave qui lui est entièrement dévouée, mais qui n'est pas la discrétion même, quoiqu'elle soit muette comme le dieu Terme lui-même.

— Fort bien ; n'as-tu rien à me remettre?

— J'ai ce qui achève de cuire dans ce chaudron et je vais te remettre la fiole.

— Il m'en faut deux au lieu d'une. Quels sont les effets de ce breuvage?

— Le premier tiers de la fiole contient l'ivresse, le second le délire, le reste le plus pesant des sommeils.

— Très bien, prépare les flacons.

La vieille femme se traîna jusqu'au pied de l'autel d'Hécate et fouilla dans l'ombre.

Bientôt, elle en ramena deux fioles de verre blanc sans pied à l'étroit goulot et au fond arrondi en cône comme celui des amphores.

Elle retira son chaudron du feu, prononça des paroles étrangères à la langue latine sur l'affreux mélange qu'elle décanta dans un bassin de terre vernissée placé à ses pieds.

La liqueur s'y refroidit lentement.

Alors elle prit une cuiller de bois grossièrement taillée, et remplit les deux fioles d'un liquide limpide, couleur d'émeraude foncée.

Puis elle appliqua sur le goulot de chaque flacon un bouchage à la cire et les remit, encore tièdes, aux mains de

(1) Le Transtévère, quartier de Rome qui tire son nom de ce qu'il fallait traverser le Tibre pour y arriver était, sous Auguste, habité en grande partie par les juifs comme le Ghetto de nos jours.

Chéphrem, qui les plaça dans la bourse qui pendait à sa ceinture à côté du style d'acier et des tablettes de cire.

La vieille le regardait faire d'un œil sournois.

— Ignores-tu, lui dit-elle, ô prêtre d'Isis, la grandeur des dangers que tu cours dans la réalisation de ton projet? Menkéra est un homme plus redoutable que tu ne le crois.

— O Saga, répondit Chéphrem, sache que les étoiles m'ont prédit les plus hautes dignités; le signe qui présida à ma naissance annonce le royaume et chaque jour j'interroge le sort par le coq, les nombres, le cristal, l'eau, le feu, les baguettes et les œufs.[1] Le fourbe Menkéra connaît mon destin et veut s'opposer à ma fortune, mais les astres l'ont condamné et les jours de sa puissance sont désormais comptés.

— Et que vas-tu demander de moi pour l'aide que tu réclames?

— Tu te tiendras aux ordres de Chéphrem et tu seras le ver mystérieux qui prépare dans les ténèbres la voie au triomphe.

— Songe alors à tenir ta promesse et ne garde pas pour toi les richesses dont tu me promets le partage. Adieu, laisse-moi maintenant, car le culte d'Hécate me réclame tout entière.

— *Salve!* dit le prêtre d'Isis, qui franchit la porte du tombeau, après avoir rabattu sur ses yeux le capuchon de sa sombre pœnula.

La vieille le regarda partir, retombée en apparence dans une sombre méditation.

Quand elle fut sûre de son départ :

— Prends garde de me tromper, grommela-t-elle entre ses dents, car, par l'Achéron et le Styx![2] moi, je ne te manquerai pas!

(1) Divers modes de divination superstitieuse fort en honneur chez les anciens.

(2) Fleuves que les païens plaçaient aux enfers.

II

LE SONGE DE MENKÉRA.

Le bienfait de la nuit n'avait pas, ce soir-là, frappé à la porte du grand prêtre d'Isis, et Morphée n'avait pas répandu ses pavots bienfaisants sur sa couche ionienne aux moelleux coussins de pourpre.

A peine avait-il fermé les yeux qu'il se sentit tout à coup transporté dans une plaine immense, où parmi l'aridité des terres rocheuses, toutes les plantes de la mort et des décombres serpentaient et fleurissaient dans un confus mélange.

Au-dessus de sa tête, le ciel était chargé de sombres nuages épais et noirs comme la poix.

Et comme il regardait avec effroi ce paysage désolé, il se mit à frémir d'une horreur sans nom qui parcourut tous ses membres et les glaça d'épouvante.

Car un bruit affreux frappait ses oreilles comme si, dans les ténèbres, un moulin invisible eut broyé des cailloux sous ses meules de granit.

Et d'un éclair rougeâtre qui déchira la nue, une voix sortit, criant comme dans un fracas de tempête :

— Grand prêtre d'Isis! regarde à tes pieds.

Il abaissa ses yeux hagards.

Maintenant, les plantes noires avaient disparu du vaste champ qui s'étendait autour de lui et le sol lui parut agité d'un mouvement étrange, comme s'il se fût trouvé sur un rocher isolé, au milieu de la houle verte d'une mer pleine d'angoisse.

C'étaient bien des flots qui houlaient à ses pieds, mais des flots étranges, saisissants, qui passaient comme des figures humaines contractées de terreur.

Et le mouvement de ces flots était un tourbillon, dont ses pieds étaient le centre vertigineux, comme le fond de l'entonnoir mortel de Charybde ou de Sylla.

Faces de trépas agonisantes d'angoisses, portant des noms de toutes sortes et des insignes de toute espèce, qu'il hésitait à reconnaître dans le vertige de leurs lueurs de phosphore.

— Qui êtes-vous donc, ô ombres de l'Hadès, s'écria-t-il, et d'où vient la terreur qui empreint vos figures épouvantées?

Alors un cercle d'écume verte et livide vint baigner ses sandales, une vapeur âcre s'en exhala qui prit des formes de bouches et parla :

— Nous sommes l'agonie du serpent et nous sommes sa colère, ô Menkéra, dirent-elles en chœur. Toutes les figures que tu vois sont celles des puissances de l'Ombre, qui règnent depuis des siècles sur le monde privé par sa faute des lumières, mortelles pour nous, de l'Ineffable trois fois saint.

« Nous sommes toutes les formes du grand Pan coalisées dans la colère et précipitées dans le vertige, par la puissance du Saint qui nous chasse devant lui, comme un vil troupeau de bêtes immondes.

» Sache, ô Menkéra, que le jour et l'heure sont proches où nous allons mourir faute d'aliments, car le sang des victimes ne coulera plus autour de nos autels, et vous, les prêtres des dieux, qui tenez le couteau sacré des sacrifices, vous disparaîtrez de la surface du monde comme un poison, et notre force qui vient de votre imposture sera abattue, et nos oracles, dont la voix est faite de la tiède vapeur du sang répandu, se tairont honteusement sur les trépieds sacrés que le pied vainqueur du Saint renversera pour toujours. »

— O voix lugubres de l'Erèbe, s'écria Menkéra, quel désespoir est dans vos paroles! ignorez-vous que parmi les dieux innombrables, Isis la grande triomphe, et que sa barque solide porte dans ses flancs, les destinées du monde pour les siècles de la vie?

— Insensé! rugit la voix écumeuse, Isis se meurt comme les autres dieux qui sont des créations de l'imposture et du mal. Ignores-tu donc les oracles des sybilles et ne sais-tu point qu'elles ont passé dans le camp de David?[1] Que viens-tu donc parler d'Isis? Ne sais-tu pas ce qui lui est arrivé jadis par la puissance de Mosché et combien honteusement se sont retournés à sa voix contre leurs auteurs, les sortilèges des ministres du pharaon épouvantés par les plaies d'Adonaï! Regarde encore, prêtre d'Isis, et dis ce que tu vois!

Menkéra jeta de nouveau ses regards autour de lui et contempla cet océan d'horreur.

— Je vois, dit-il, je vois tomber les temples des dieux et leurs autels et j'entends un vent de tonnerre qui balaie leurs débris.... Je vois les trépieds sacrés qui s'agitent et tremblent de terreur... et puis, je vois encore toutes les forces inférieures de la nature et jusqu'aux animaux féroces des forêts qui se rassemblent pour la lutte suprême, j'entends des incendies qui crépitent, des ossements qui craquent, des douleurs sans nom qui hurlent, je vois des agonies qui saignent... oh! quel est ce sang? Ce n'est pas du sang!... C'est de la lumière qui monte vers les cieux en colonne formidable au-dessus de cette mer qui, maintenant, est composée d'ossements desséchés, qu'une force invisible ramasse

(1) *Teste David cum Sybilla* (prose des morts).

et pousse vers mes pieds! Quelle est cette force puissante qui roule ces vagues comme malgré elle et quelle est cette lumière?

— C'est la force d'un esclave rebelle bientôt écrasé, dit la voix, et la lumière que tu vois monter vers le ciel est celle des Saints. Regarde l'horizon.

Menkéra regarda et vit que l'horizon était formé d'une ligne livide, mouvante et sonore comme des écailles.

Et cette ligne ondulait, s'approchant incessamment et rétrécissant le cercle de son action progressive.

— Quel est ce signe? demanda le grand prêtre.

— Satan! roi de la nuit, prince de l'ombre et proscrit de l'INEFFABLE! répondit la voix. Satan chassé par les pieds du Saint comme nous le sommes avec lui, dit la voix des écumes sonores, et la pierre fragile où posent tes pieds va s'engloutir sous toi et, du fond de l'abîme où tu vas descendre, tes yeux verront la splendeur du Saint et le signe de son triomphe.

Et l'écume verte cessa de parler à l'entendement de Menkéra, car, dévorée elle-même par le remous gigantesque, elle s'affaissa dans un gouffre, soudain creusé, où s'engloutit la mer entière de la vision du prêtre d'Isis, tandis que le serpent gigantesque approchait ses replis de l'extrême bord du précipice sans y tomber, gardien, sans doute, des secrets terribles de ce noir enfer.

Et déjà le ciel obscur s'était éclairé sous les subtils rayons d'une rose de lumière....

Mais Menkéra ne vit plus autre chose qu'une croix éclatante, qui partageait la voûte éclaircie des cieux et dont son regard aveuglé ne pût soutenir la splendeur fulgurante.

. . . .

Haletant, en sueur, il s'agita convulsivement sur sa couche et ouvrit des yeux hagards.

Un homme revêtu du costume des prêtres d'Isis était devant lui; le jour filtrait à travers la haute fenêtre garnie de verre aux tons d'opale, pâlissant la lueur de là lampe qui charbonnait accrochée par sa chaîne de bronze à la branche du lourd candélabre d'airain.

— Puissant Menkéra, dit-il, en tirant de sa bourse un flacon plein d'une liqueur verdâtre, voici le résultat de ma mission et le philtre préparé par les mains de la Saga, sous l'œil sombre de la triple Hécate. Les dieux ont-ils veillé sur ton repos et Morphée a-t-il répandu autour de ta couche ses bienfaisants pavots?

— Oui, dit Menkéra, d'un ton que démentait la pâleur de son visage et le bouleversement de ses traits, mais je suis encore las, car le jour m'a presque surpris dans le travail et l'étude. Parle, qu'as-tu appris concernant le néophyte?

— Il est arrivé à Rome avec les lettres qui te sont destinées, noble Menkéra, mais des influences étrangères travaillent à le détourner des autels d'Isis. A peine arrivé dans ces murs, il a rencontré un ami qui l'a logé dans sa maison et lui prêche une philosophie dont le fonds est la négation des dieux, il s'agit de Claudius-Cornelius-Rufus, qui habite au pied de l'Esquilin et dont l'impiété pourrait certainement nuire à sa tête orgueilleuse.

— Je le connais, dit Menkéra. Sa famille fut jadis puissante à Rome et il serait dangereux de le citer devant le préteur sans preuves formelles contre lui. C'est avec la ruse que nous devons le combattre et lui prendre la proie qu'il convoite. Mais les dieux m'ont ménagé des armes contre lui, nous sommes amis. Mes tablettes, Chéphrem et mon style. Holà! tabellarius,[1] ici!

La portière s'écarta et un esclave parut.

— Attends que j'aie écrit ces lettres et tu les porteras chez Claudius-Cornelius-Rufus, au pied de l'Esquilin.

(1) Le « tabellarius » était l'esclave messager chargé de porter les lettres ou tablettes à leurs destinataires.

Et le grand prêtre traça avec le style d'acier sur la cire polie, les lignes suivantes :

Menkéra, grand prêtre d'Isis, à Claudius-Cornelius-Rufus
Salut!

Menkéra t'invite par ces lettres, noble Claudius, à la fête qu'il va donner le jour prochain dans sa maison du Velabre, pour célébrer poétiquement parmi les coupes, l'anniversaire du jour de sa naissance.

La renommée lui a appris qu'un ami partageait pour quelque temps ton toit hospitalier, amène-le avec toi, noble Claudius, pour entendre au milieu du festin et dans l'intervalle de la musique, les vers inspirés des divins poètes du Latium.

Vale!

Ces lignes écrites, Menkéra plia les tablettes, les entoura d'un fil de soie que lui présenta le tabellarius, ainsi que la cire dont il les cacheta, fondue à la flamme de la lampe et sur laquelle il imposa la sardoine gravée de l'anneau d'or qu'il portait au doigt.

— Va, dit-il, et rends-moi promptement la réponse attendue.

Et à Chéphrem :

— Veille à l'exécution de mes ordres et de mon plan, si tu veux atteindre aux sommets que tu envies Chéphrem et auxquels moi seul puis te conduire.

III

LE REPAS FATAL.

La mode à Rome voulait que, dans les repas, le nombre des convives ne fut ni inférieur à trois, ni supérieur à neuf.

Aussi, Menkéra se garda-t-il de faire d'autres invitations, comprenant qu'il fallait restreindre les témoins de l'exécution de son complot ténébreux.

Chéphrem reçut des instructions secrètes et l'ordre de veiller sans paraître dans le triclinium de l'égyptien.

De son côté, Claudius avait reçu avec stupeur les lettres de Menkéra portées par le tabellarius. Il hésita un instant avant de répondre.

Mais il connaissait le caractère implacable de l'égyptien, sa fourberie et ses ruses, et savait que son refus pourrait entraîner sa haine et des conséquences plus funestes.

— Après tout, pensa-t-il, qu'ai-je à craindre de cet étranger, je suis citoyen romain, Tullius l'est aussi, puisque ce titre a été concédé à sa famille. Un étranger, fût-il grand prêtre d'Isis l'égyptienne, ne peut rien contre les citoyens de Rome. Le préteur ne souffrirait pas les violences d'un étranger.

Et, s'adressant au gallo qui contemplait le ciel par l'ouverture de l'atrium :

— Tullius, dit-il, lis ces lettres par lesquelles nous sommes invités à souper chez Menkéra et dis-moi si tu veux accepter d'y venir avec moi.

— Je ferai ce que tu voudras, Claudius, répondit le gallo-romain, tu connais mieux que moi les usages de Rome, et, quoique présentement, j'eusse tardé volontiers à connaître le grand prêtre d'Isis, je ne crois pas qu'il serait convenable de faire à ses lettres l'affront d'un refus.

— Je pense comme toi, Tullius, dit le romain.

Et prenant son style et ses tablettes, il écrivit :

Claudius-Cornelius-Rufus à Menkéra
Salut!

« Claudius a reçu tes lettres et te fait savoir par le même messager qu'il se rendra avec son ami et son hôte à ton invitation. *Vale.* »

Cela fait, il cacheta les tablettes avec le fil de soie scellé de cire et les remit au tabellarius qui attendait la réponse dans le vestibule, debout près du salvé.

Pendant ce temps-là, l'égyptien faisait en secret, aidé de Chéphrem, de grands préparatifs.

Quoique le nombre des convives fut restreint, l'*archimagirus*[1] avait reçu l'ordre de ne rien épargner pour le banquet.

Les huîtres de Bretagne, inférieures à celles de Baia, mais hors de prix parce qu'elles étaient à la mode et qu'il fallait les faire venir exprès, les *attagens* de Phrygie, oiseaux gros comme un petit pigeon et très estimés des romains, les *tornacula,* sorte de pâtés faits à Rome pour les tables somptueuses, les ananas du Bengale, les bananes de l'Inde, les pastèques d'Afrique, avaient été achetés en

(1) Maître d'hôtel, dans les palais opulents de Rome, chargé de diriger la cuisine et la table.

grandes quantités avec des œufs frais et des poissons rares, des vins précieux de Massilia, de Chio et du Falerne que le miel de l'Hymette allait adoucir dans la fraîcheur de la neige succédant au feu qui les avait vieillis, tout cela allait charger la table de Menkéra.

Des guirlandes de fleurs étaient commandées pour parer le triclinium et le front des convives, ainsi que les parfums qui devaient tomber des frises en rosée légère sur les lits du festin.

Tout était préparé et les lampes allumées, quoiqu'il fit grand jour au dehors, mais ainsi le voulait la mode à Rome, lorsque Claudius et Tullius franchirent en habit de fête le salvé du vestibule.

Le *velarius*[1] les introduisit dans l'atrium splendide et appela le *nomenclator*,[2] qui les fit entrer dans le *Tablinum* aux riches ornements où Menkéra attendait.

— *Salve*, dit-il, soyez les bienvenus, Claudius et toi, jeune étranger, dont les dieux m'ont annoncé la venue sous mon toit. Tu te nommes Tullius et tu viens de Tolosa pour te consacrer au culte de la grande déesse, mais pourquoi as-tu tant tardé à m'apporter les lettres que l'on t'a remises pour moi?

A ce coup droit, Tullius ressentit un grand embarras et cherchait une réponse, lorsque son ami jugea à propos de lui en épargner le danger.

— Noble Menkéra, dit Claudius, ne t'irrites pas d'un retard dû à des sentiments bien légitimes. Tullius a voulu se reposer des fatigues d'un long voyage dans une maison amie, il a voulu aussi, avant de s'approcher des autels d'Isis, écouter la voix de son cœur, et, avant de s'engager sous ta

(1) Esclave préposé aux rideaux et tentures.

(2) Esclave faisant à Rome dans les grandes maisons l'office du valet de chambre moderne qui annonce les visiteurs.

conduite, acquérir la certitude d'être réellement appelé au service de la grande déesse égyptienne.

— Voilà de sages paroles, dit Menkéra, déguisant sous une apparente bonhomie la ruse de son cœur. Mais, jeune gallo, sache que la déesse m'a révélé ton destin et que sa volonté est que tu lui appartiennes pour toujours. Nulle violence ne saurait être faite à ton cœur, tu es libre d'adorer Isis, mais crains de la blasphémer.

Il frappa dans ses mains, des rideaux s'écartèrent et le triclinium apparut, tandis qu'une douce musique se répandait en ondes harmonieuses dans toute la pièce.

Claudius fut désappointé en voyant que le nombre des convives se réduisait à eux trois, mais, par politesse, il se garda de rien faire paraître des pensées qui l'agitaient.

— Que disent les *Gazettes?* [1] demanda-t-il, pour faire diversion par une conversation banale. Les jeux seront-ils brillants cette année, car voici venir les nones de Septembre.[2]

— On dit que les édiles veulent se surpasser, répondit Menkéra et que tout est préparé à grands frais pour donner au peuple le spectacle d'un combat de bêtes féroces. Aussi le peuple est en joie, car on a recruté des belluaires et quoiqu'ils soient en petit nombre, quelques condamnés les compléteront.

— Ce n'est pas sous le ciel de la Grèce, dit Claudius avec humeur, que de pareilles atrocités recevraient les applaudissements du peuple. Les jeux d'Athènes sont plus nobles que ceux de Rome. Le peuple romain est-il donc tombé si bas dans la brutalité qu'il lui faille de l'horreur et du sang et le spectacle de la mort atroce? Les jeux en Grèce n'entraînent pas d'aussi dégoûtants spectacles, on y dispute à ses concur-

(1) Les *acta diurna* ou nouvelles quotidiennes qui rendaient compte des faits de chaque jour, non seulement aux romains mais aussi aux provinciaux à qui on les envoyait. *(Tacite, Annales.)*

(2) On célébrait à cette époque de l'année les *jeux romains* qui duraient huit jours.

rents les lauriers de la victoire sur la lyre harmonieuse, sur les coursiers aux pieds légers et les chars rapides, avec les exercices gymnastiques qui montrent la souplesse, l'adresse et la beauté des combattants, Apollon les préside et le noir tartare ne les infecte pas de ses avides vapeurs.

— O Claudius, dit Menkéra, vous êtes un délicat, vous avez, pour un romain, le cœur trop sensible. Ici l'arène est une mer houleuse qui porte la barque de l'Empire et la fortune de César. Ces jeux, c'est le peuple qui les demande à grands cris, *Panem et Circenses!* Le peuple est une bête fauve à qui il faut sa pâture, laissez passer les passions du peuple ou il vous dévorera. Que cela n'empêche pas les délicats de se couronner de fleurs et d'écouter chanter sur la lyre des chants latins dignes d'être interprétés dans les portiques de l'Ionie. Ecoutez plutôt ces vers du grand Horatius Flaccus.

En ce moment, une voix partie d'une retraite cachée et au milieu d'une ondée légère de parfums pénétrants chantait en s'accompagnant de musique « l'ode au printemps » d'Horatius.[1]

Les Zéphirs ont brisé les chaînes de l'Hiver
Voici le printemps gracieux,
Les vaisseaux fendent l'onde et parmi les prés verts
Les troupeaux vont paître joyeux.

. . . .

Quand la voix eut fini de chanter :

— Esclave, dit Menkéra, à voix haute, fais circuler dans les coupes d'or le falerne écumant ; par Hercule ! nous boirons à la magnificence des jeux prochains de Rome et aux douces mœurs de l'Ionie !

L'esclave apparut apportant les coupes prêtes et les deux amis burent sans défiance le falerne infesté des poisons âcres de Canidie.

(1) Horace. *Ad Veris Laudes*, (paraphrase).

IV

LE COFFRE DE CLAUDIUS.

Pendant ce temps-là, une autre scène se passait au pied de l'Esquilin.

Deux hommes se présentaient à la tombée de la nuit devant la maison de Claudius et frappaient avec insistance le bois de l'ostium.

La vieille Barbera enleva la barre de fer de la porte et l'ouvrit à demi, ne sachant qui se présentait à cette heure en l'absence du maître de céans.

— Çà! vieille, ouvriras-tu, au nom des lois de la cité et du préteur, crièrent-ils assez fort pour terrifier la vieille esclave, mais pas assez haut pour attrouper les passants déjà rares.

— Par Castor et Pollux! songea la vieille muette, que veulent ceux-ci?

Et elle les regarda à la lueur de sa lampe avec une expression de frayeur.

— Tu es muette, nous le savons, dirent-ils, mais cela nous importe peu; regarde nos insignes, et si tu n'es pas sourde, sache en voyant notre tête couverte par le capuce de

La promesse accomplie.

Un inconnu lui fit voir dans le port une superbe galère
qui se balançait sur le fond bleu du ciel. (P. 153.)

notre toge laticlave,[1] que nous venons par ordre du préteur prendre ici le coffre de Claudius où sont renfermés des complots qui menacent la sûreté de l'empire. Sois docile, esclave, et il ne t'arrivera aucun mal, marche devant et montre-nous l'objet.

Le « coffre » était chez les romains une partie importante du mobilier, les pauvres même en avaient un et y mettaient de menus objets, mais il servait aux riches à serrer les bijoux, l'or et tout ce qu'ils avaient de précieux à des titres divers, comme des lettres importantes et des secrets d'affaires ou des chartes ancestrales.

Dès l'arrivée de Tullius, celui-ci avait confié à Claudius tout ce qu'il avait apporté de Tolosa en or et en lettres de change pour les banquiers qui agiotaient dans les basiliques du forum; les lettres qu'il apportait à Menkéra y avaient été également serrées.

Terrifiée, la vieille esclave les conduisit dans l'atrium où ils trouvèrent l'objet qu'ils chargèrent sur leurs épaules après s'être assurés de son contenu, puis ils partirent après lui avoir fait jurer par signes le silence sous peine de voir Claudius et Tullius punis doublement et pour le crime dont on les soupçonnait et par le scandale qu'elle aurait pu provoquer autour de leur affaire.

L'idée ne vint même pas à la vieille Barbera qu'elle pût être victime d'habiles filous déguisés sous les insignes usurpés de la magistrature romaine.

Quand ils eurent disparu elle resta convaincue, ne pouvant accuser un rêve ni une hallucination de son cerveau, puisque le coffre n'était plus là, que le noble Claudius et son ami Tullius étaient victimes d'une erreur qui serait bientôt reconnue et elle fit des vœux ardents pour qu'il ne leur arrivât aucun mal.

(1) La toge laticlave était portée par les magistrats à Rome, elle était ornée d'agrafes et un de ses pans servait à couvrir la tête.

Cependant, les deux audacieux bandits, après être sortis de la maison de Claudius, s'étaient empressés de modifier leur costume, de peur d'être réellement pris, cette fois, en route, pour des usurpateurs et des malfaiteurs par quelque officier de police; promptement, ils transformèrent en une simple pœnula leur fausse toge laticlave; redevenus alors ce qu'ils étaient en réalité, c'est-à-dire deux simples esclaves de Menkéra, ils prirent leur course vers le Vélabre et, par une porte secrète donnant sur les jardins, ils rentrèrent dans le palais de l'égyptien.

Chéphrem les y attendait et reçut le coffre de leurs mains. Il l'ouvrit, y prit les lettres destinées au grand prêtre et un rouleau de papyrus sur lequel était écrit le nom de Tullius, jugeant que ce rouleau devait contenir tout ce qui appartenait au gallo romain, puis il ordonna aux deux esclaves de reporter le coffre chez Claudius avec les mêmes précautions et la même ruse.

V

LES PIÈGES DE L'IMPOSTURE.

A peine Tullius eut-il bu la coupe du falerne empoisonné par le philtre de la Saga qu'il se sentit soudain submergé par une brume épaisse, tandis que ses idées flottaient indécises, dans un vague indéfinissable et une langueur profonde. Ce n'était pas l'ivresse qui exalte ou qui tue, mais le rêve qui insensibilise et qui berce la pensée sans lien comme une nacelle abandonnée sur une mer sans tempête.

Il se rendait vaguement compte que d'étranges choses se passaient en lui, sans toutefois pouvoir s'en expliquer la nature ni l'enchaînement mystérieux.

Toutefois son ivresse lui parut présenter des phases particulières.

Il sentit vaguement qu'on le transportait à travers des passages où régnait une certaine fraîcheur dont il perçut le contraste avec la chaleur du triclinium.

Puis il lui sembla que ses vêtements changeaient de forme et qu'au lieu du cothurne qui chaussait ses pieds, il avait maintenant des sandales plus fraîches et plus légères; la même fraîcheur baignait sa tête allégée soudain du poids accoutumé de ses épais cheveux. Où était-il?

Il n'eût pu le dire avec certitude, son rêve, si c'en était un, lui laissait supposer tout au plus qu'il se trouvait dans une pièce vaste, fraîche, sans doute garnie de marbre et pleine d'une épaisse obscurité.

Cependant, il avait la sensation, quoique toujours endormi, qu'une phase de lucidité plus grande allait s'emparer de son cerveau.

Tout à coup une lueur sulfureuse éclaira la salle d'une clarté blafarde formée d'une vapeur plutôt que d'une lumière, et ses yeux ouverts distinguèrent vaguement des colonnes, des chapiteaux monstrueux, des figures figées dans la roideur d'un dessin hiératique et présentant à la vue une succession de symboles inconnus de son intelligence.

Puis, dans l'accroissement graduel de la luminosité de cette vapeur, il distingua un trépied de bronze qui fumait au pied d'une colonne de marbre noir zébrée de dessins mystérieux et supportant une tête énorme couronnée d'épis et dont les cheveux étaient des serpents.

Alors tout s'éteignit, et dans l'ombre deux yeux seuls flamboyèrent d'un fauve éclat.[1]

C'étaient ceux de la statue dont les lèvres frémirent et laissèrent tomber ces paroles fatidiques. — « Je suis Isis l'Egyptienne, voilée d'abîme, et nul mortel n'a jamais soulevé le mystère qui me couvre. Prépare-toi à recevoir mes oracles, car je t'ai élu pour de grandes choses, mais sache que les plus terribles châtiments t'attendent si tu trahis mes secrets et si tu désobéis à mes commandements. Regarde ton destin. »

Alors les yeux s'éteignirent et une obscurité complète régna de nouveau dans le temple silencieux.

(1) On sait que tous ces phénomènes, œuvre de la supercherie, étaient produits, pour la plupart, par l'habile mise en scène des prêtres païens, très versés dans la physique, dont ils gardaient les secrets. Toutefois, on ne peut nier qu'il se produisait dans les temples des faux dieux d'autres phénomènes plus merveilleux dus à la puissance des démons.

Puis une éclatante blancheur en illumina soudain le fond en forme de cercle lumineux qui se colora bientôt des figures les plus étranges et les plus terrifiantes, tantôt semblables à des dragons fulgurants, tantôt représentant des oiseaux fantastiques à tête humaine ou des hommes à têtes de bêtes, des serpents aux longs et verdâtres replis, des tourbillons de fumée noire déchirée de flammes et la voix dit, tonitruante et lugubre, ébranlant les profonds échos du sanctuaire : « Voici les ombres de l'Hadès, voici les puissances ténébreuses du Tartare, voici les flots de l'Achéron, voici ceux que gouverne Pluton et qu'a condamnés Minos ! »

Tullius sentait ses dents claquer de crainte et la terreur sans nom envahir son âme devant ces visions horribles.

Mais bientôt des lueurs plus douces succédèrent à ces clartés affreuses. La scène changea.

Devant ses yeux se peignirent à perte de vue des paysages luxuriants et enchantés, des prairies d'émeraude semées de fleurs de rubis et de ruisseaux de cristal murmurant. Des arbres innombrables y frémissaient sous le souffle invisible du zéphir qui en choquait harmonieusement les fruits d'or, d'argent, de topazes et d'amethystes sous un ciel d'hyacinthe sans nuages.

Et le regard embrassait des profondeurs et se perdait dans des lointains que la vue humaine n'avait jamais contemplés parmi des villes de marbre et d'albâtre décorées de fontaines jaillissantes, d'obélisques et de sphinxs accroupis dans le porphyre, sous l'énigme éternelle de leur simarre de pierre.

Des chœurs de musiciens en robes blanches remplissaient l'air du tintement des cistres d'or, accompagnant les sons divins de la harpe pincée par les mains habiles de merveilleuses créatures vêtues d'ornements égyptiens.

Et une lente procession se déroula pareille à celle que Tullius avait vue quelques jours auparavant en compagnie de Claudius, faire le tour du temple d'Isis au Forum.

Il regarda passer tour à tour tous les personnages du cortège de la déesse, cherchant des yeux le grand prêtre, s'attendant vaguement à reconnaître sur sa figure les traits connus de Menkéra.

Mais sa stupeur fut au comble lorsqu'il vit que le grand prêtre, entouré des hommages de la multitude, c'était... lui-même.

Et la voix se fit de nouveau entendre disant :

— Néophyte! néophyte! vois la splendeur des mystères sacrés d'Isis, ne sois pas sourd aux ordres du destin, car tu es réservé à de grandes choses. Ecoute la voix des dieux et sois docile à leurs ordres. Les voiles nécessaires vont recouvrir cette révélation, mais souviens-toi que des années viennent de passer sur ta tête et que désormais tu appartiens à la déesse!

. . . .

De nouveau tout s'éteignit et l'ombre fraîche du temple remplaça les chauds mirages de la vision colorée.

Pendant ce temps-là, une autre fantasmagorie se préparait aux yeux d'une autre victime de la fourberie des prêtres de la divinité égyptienne. Dans une vaste salle souterraine du palais de Menkéra, Claudius, endormi lui aussi, était travaillé par la science mystérieuse du temple.

Mais sa vision était moins complexe.

Au milieu du fracas de la foudre et de la lueur des éclairs, un personnage entièrement couvert d'un voile blanc dont les plis dérobaient toutes ses formes jusqu'aux plus vagues apparences, faisait entendre à ses oreilles une voix sévère :

— Claudius! imprudent et téméraire citoyen d'une cité dont la piété pour les dieux ne connaît pas de bornes, sois rempli de craintes, car je suis Isis l'égyptienne, qui tient dans ses mains le mystère de toutes les destinées. Cesse de t'opposer à ma volonté et de médire de ma puissance. Je t'ordonne de laisser, Tullius, le gallo, auprès de mes autels où l'a conduit son destin. J'ai envoyé deux de mes ministres prendre dans ton coffre les lettres qui étaient ma propriété, Tullius m'appartient désormais, car ma puissance s'est révélée à lui. Va, romain, et garde le silence sur ces mystères si tu ne veux pas que ta langue tombe de ta bouche et que ta main droite sèche au bout de ton bras sacrilège. Tels sont les ordres formels d'Isis l'égyptienne!

Tout se tut et s'éteignit.

Par les ordres de Menkéra, Claudius fut mis dans une litière et ramené dans sa maison de l'Esquilin.

Le jour commençait à poindre, calme et vermeil, derrière les coteaux verdoyants du Latium.

. . . .

VI

LA VENGEANCE DE CHÊPHREM.

Et maintenant, sublime Menkéra, dit Chéphrem, en paraissant devant le grand prêtre, j'attends tes ordres et ma récompense.

Un sourire ironique voltigea sur les lèvres de Menkéra.

— Parle, dit-il, que veux-tu de moi?

— Tu peux tout me donner, car tu es pontife souverain d'Isis et tes richesses sont immenses. Mets le comble à tes faveurs. Souviens-toi que je suis ton complice et que les lois de la cité sont sévères, il ne tiendrait qu'à moi que demain le grand prêtre d'Isis aille serrer la main aux bestiaires de l'arène. Mais, rassure-toi, la nature m'a donné un cœur large, et je te demande peu, en somme, en comparaison du service rendu, donne-moi l'initiation suprême, et fais de moi un premier ministre de la grande déesse dont j'irai porter le culte dans une grande ville de l'empire, fais-moi riche aussi, tu le peux, car un pontife souverain ne serait rien s'il ne pouvait étinceler de joyaux comme un soleil inaccessible.

— Est-ce que la voie Appia est sûre au clair de la lune? demanda Menkéra, et les ombres n'y dansent-elles pas parfois la ronde du Phlégéton?

— Que veux-tu dire?

— Crois-tu donc que Menkéra qui possède la science des astres est impuissant à pénétrer les ombres dans lesquelles un traître se cache pour comploter avec une esclave de l'enfer? Ce sont les passants désarmés qui tremblent devant le chaudron d'une fille de l'Etrurie, mais les vapeurs du tombeau dont elle fait son repaire ne sauraient empoisonner un fils des Etoiles! Tu peux servir à d'autres la coupe de vin épicé par les charmes inférieurs d'une Saga ou la boire toi-même, Chéphrem, la soif ne me tourmente pas à ce point, par Hercule!

Chéphrem atterré devint livide.

Ses combinaisons étaient découvertes et les espions de Menkéra l'avaient dépisté.

— Oui, poursuivit le grand prêtre, les choses cachées me sont connues et je connais le moyen de pénétrer les cœurs. Marche droit et tremble, voilà ma récompense. Si tu ouvres la bouche tu connaîtras le châtiment. Va.

La rage au cœur, le prêtre d'Isis se retira en méditant une vengeance éclatante.

. . . .

Cependant Claudius, pensif, se promenait dans les jardins de Mécène lorsqu'il rencontra, au coin d'un bosquet, un homme perdu dans ses méditations profondes.

— Ben-Jokaï, dit-il en l'accostant, salut!

— *Salve*, Claudius-Cornelius Rufus; qu'est devenu le compagnon de tes pas et l'hôte de ta maison?

— Il est prêtre d'Isis, dit le romain.

— Et depuis quand?

— Depuis que le fourbe Menkéra lui a fait boire un poison qui a répandu le trouble dans son cerveau.

— Et comment cela s'est-il fait?

— En ma présence, dans un repas auquel cet égyptien maudit nous avait conviés tous deux. J'ai moi-même échappé au piège, en partie, du moins, car, avant de boire le même vin j'ai vu la figure de Tullius prendre une expression telle que je n'ai pu douter un seul instant du crime qui s'accomplissait; j'avais trempé mes lèvres dans la coupe et déjà un commencement d'ivresse avait gagné mon cerveau, je m'arrêtai et je répandis le reste sous la table à la dérobée, puis, craignant d'autres embûches, je feignis le sommeil pendant lequel on fit passer à mes yeux une fantasmagorie dont je ne fus pas dupe, enfin, toujours feignant l'insensibilité, je fus ramené en litière dans ma maison où je constatai que mon coffre avait été violé et qu'on y avait pris des écrits importants qui concernaient Tullius.

Et Claudius, tout en déambulant avec l'essénien, lui raconta tout au long ce que nous connaissons déjà, ainsi que le récit que lui avait fait, par écrit et par signes, la vieille esclave muette Barbera sur ce qui s'était passé pendant son absence, malgré l'ordre formel qu'elle avait reçu de garder le plus complet silence.

— Est-ce que les lois de la cité, demanda Ben-Jokaï, ne peuvent pas venger un citoyen romain d'une semblable violence? où est présentement Tullius le Gallo?

— J'ai appris par un esclave de Menkéra que j'ai soudoyé, que mon ami est tenu au secret dans une pièce de son palais, en attendant qu'un temps suffisant ait passé sur cette affaire et qu'on l'ait suffisamment convaincu de l'importance de ses nouvelles fonctions. Et toi, Ben-Jokaï, que fais-tu présentement?

— Mes adieux à Rome, dit l'essénien; le temps de mon séjour ici touche à sa fin, je ne puis supporter davantage l'atmosphère corrompue de cette ville et je vais aller retremper mon âme dans l'air de la Judée. De grands événements sont proches, selon la prophétie de Daniel et le peuple du Seigneur Adonaï va sortir de l'esclavage d'un roi étranger. Le sceptre est sorti de Juda, il va y rentrer miraculeusement par un rejeton qui surgira de la famille de David. Le monde entier va tressaillir devant un berceau royal. Je retourne à Hiérouschalaïm, attendre dans la prière, la gloire prochaine et le salut de Tsione.

L'ombre était descendue sur la ville de Rome et Claudius, tout en parlant, avait conduit le juif jusqu'au forum, lorsqu'en traversant un bosquet sacré dédié à Minerve dont il entourait le temple, une ombre passa près d'eux et ils reconnurent la stature élevée et la robe de Menkéra.

— Que fait le grand prêtre d'Isis ici et à cette heure? dit Claudius, voyons ce qui va se passer.

Menkéra se dirigeait vers un massif décoré d'une colonne dédiée à Cérès.

A peine eut-il mis le pied dans l'ombre qu'un éclair brilla dans le feuillage produit par un poignard qui s'abaissa et, d'un coup foudroyant, étendit par terre le grand prêtre d'Isis sans un cri.

— Qu'est-ce ceci? se dirent Claudius et Ben-Jokaï à voix basse. Voilà comment Isis protège son ministre!

— Les dieux des nations, souffla l'essénien, sont tous des démons![1]

Au même instant, ils virent un homme se pencher sur le corps de Menkéra, y prendre un trousseau de clefs et s'éloigner précipitamment dans l'ombre du bosquet.

— Je reconnais le meurtrier, dit Claudius, c'est Chéphrem, le prêtre d'Isis.

— Silence, dit Ben-Jokaï, retirons-nous sans bruit de peur qu'on ne nous accuse injustement ou qu'on nous appelle en témoignage dans une œuvre de sang. Ceci ne nous regarde pas.

— Et Tullius? demanda le romain.

— Il a tout à gagner à notre silence, il saura se délivrer lui-même. Vale!

(1) *Omnes dii gentium dæmonia.* Ps. xcv, 5.

VII

LE BUCHER FUNÈBRE.

Le lendemain matin, toute la ville de Rome était en émoi.

De quartiers en quartiers et jusqu'au fond du Transtévère, les *Acta diurna* portaient la nouvelle qui, d'ailleurs, circulait plus rapidement encore de bouche en bouche :

« Une main sacrilège a assassiné le grand prêtre d'Isis! On a trouvé son corps sans vie près de la colonne de Cérès, dans le bosquet du temple de Minerve au Forum romanum! »

L'émoi était d'autant plus grand, que ce sacrilège pouvait entraîner un deuil public et empêcher les jeux romains des nones de Septembre qui étaient sur le point de s'ouvrir.

Il fallait, en effet, pour cela, avoir apaisé la déesse par la découverte du meurtrier et son supplice.

Or, on n'avait rien trouvé, pas un indice qui pût mettre sur la trace de l'audacieux et sacrilège assassin.

En attendant, tout le collège des prêtres d'Isis menait grand deuil autour du corps de son chef inanimé et la question des funérailles s'imposait.

Elle était difficile à résoudre.

Les funérailles à Rome étaient, en effet, un spectacle comme un autre dont le peuple prenait sa part. Le commun du populaire et des pauvres était enfoui sans cérémonie, mais les grands personnages n'entraient dans les sombres domaines de la mort, qu'après avoir passé par les flammes solennelles du bûcher funèbre, coutume commune à la Grèce et à l'Italie, pour aller de là reposer dans une urne de marbre dans un mausolée somptueux, le long de la superbe voie Appia.

Aussitôt que le cadavre eut été découvert et les prêtres avertis, ceux-ci vinrent le relever solennellement pour le porter dans le temple de la déesse où il devait attendre qu'on le conduisît au lieu de son éternel repos.

Or, la coutume égyptienne n'était pas de brûler les morts, mais de les embaumer pour les conserver pendant de longs siècles dans l'ombre et le mystère des hypogées, comme l'attestent les nombreuses momies de toutes sortes, que nos musées modernes ont retirées des pyramides de Memphis.

Toutefois, à cette époque, l'art subtil des embaumements égyptiens était déjà perdu et n'avait, du reste, aucun rapport avec les embaumements romains, qui consistaient simplement à enfermer les corps dans la bière, avec des aromates déposés à ses côtés, ou à le submerger dans le miel.

Il fut donc décidé que Menkéra serait conduit solennellement au bûcher, selon les coutumes romaines, comme un illustre défunt de la ville d'Auguste.

Placé sur un lit de pourpre parsemé de verdure et de fleurs, parmi les branches de cyprès, Menkéra apparaissait vêtu de ses vêtements de parade dans la majesté marmoréenne d'un trépas, qui n'avait pas eu le temps d'avilir ses traits superbes.

Peu de temps avant la nuit, le temple fut envahi par les appariteurs funèbres, porteurs de torches allumées, répandant une lueur blafarde et sombre sous les colonnades du pronaos.

Des musiciens nombreux tirèrent alors de leurs instruments les sons lugubres des mélopées funèbres, accompagnant le chant monotone et triste des femmes,[1] dont l'office était de se lamenter autour des morts.

Elles chantaient dans un rythme lent les dures nécessités du destin, les adieux nécessaires à la vie, l'entrée lugubre à l'inévitable seuil des ombres, la tristesse éternelle des sombres bords du Styx et de l'Achéron, invitant le mort à ne pas tarder davantage à se diriger vers le bûcher où la torche fatale attendait sa dépouille.

Alors le *designator* donna le signal et le cortège se mit en marche à travers le forum.

Il s'ouvrait par les musiciens jouant des marches funèbres, suivis par des buccines qui, de temps à autre, déchiraient l'air par leurs mugissements lugubres.

Puis les pleureurs répandaient leurs larmes mercenaires, sans ménager leur douleur bien rétribuée par l'entrepreneur de la pompe funèbre.

A leur suite, selon la coutume romaine, des archimimes ou comédiens habiles représentaient par gestes les différents actes de la vie du mort, porté en avant du cortège sur son lit de parade et la face découverte au milieu de ses esclaves.

Alors s'avançaient les prêtres de la grande déesse égyptienne, vêtus de lin et chaussés de leurs sandales de papyrus aux longues pointes recourbées, les uns portant des branches de cyprès, les autres des insignes du culte d'Isis, d'autres des épis de blé en faisceau.

Les initiés en robe blanche venaient ensuite, frappant sur des cistres de bronze avec des baguettes et s'efforçant d'obtenir les sons les plus discordants en signe de douleur.

Puis, venait la tourbe des statues des dieux de l'Égypte sous leurs aspects les plus divers, et enfin, le cortège était

(1) Les *præficæ* dont parlent les poètes latins.

fermé par la foule qui suivait en rangs pressés la pompe funèbre.

On passa par le quartier du Vélabre et l'on s'arrêta devant le palais de Menkéra où des chants furent exécutés, ainsi que de nouveaux morceaux funèbres, puis on se remit en marche vers la porte Capena qui fut franchie pour gagner le long de la voie Appia, l'endroit réservé dans la campagne de Rome aux incinérations solennelles.

Un immense bûcher y avait été élevé, fait de bois résineux et entouré de cyprès sombres.

Des marches avaient été ménagées sur un de ses côtés par les constructeurs, afin que les porteurs pussent le gravir sans peine et déposer sur son faîte la bière du mort, parmi les étendards de pourpre.

Quand elle y fut placée, tout le monde s'écarta à une distance respectueuse et un des prêtres, la torche à la main, s'avança d'un pas solennel.

— Puissant et sublime Menkéra, dit-il, adieu, puisses-tu descendre en paix au royaume des ombres et traverser sans péril le redoutable Achéron.

Alors, il mit le feu à la pile de bois qui flamba, tandis que des chœurs chantaient une hymne au feu qui dévore et qui purifie, adjurant les vents propices de l'activer de leur souffle et d'emporter sur leur aile rapide au sein de l'Empyrée l'âme hésitante du défunt.

La flamme pétillante s'élevait maintenant, dévorant avec fracas tout ce qui devait lui servir d'aliments, environnant le mort, désormais invisible, d'un manteau de fumée odorante, déchirée de rouges éclairs.

Le ciel en était embrasé, et l'on eut dit un énorme incendie éclairant au loin la campagne et chassant aux environs les ombres déjà répandues de la nuit.

Peu à peu s'écroulèrent les derniers tisons et moururent les dernières flammes.

Alors les prêtres d'Isis s'approchèrent avec des amphores pleines de vin précieux et les répandirent sur les charbons ardents qui s'éteignirent en frémissant, tandis que les os blanchis de leur chef, recueillis par eux, étaient placés dans une cassette de santal parmi les parfums les plus précieux et les signes hiéroglyphiques prodigués sur le bois rare et destinés à reproduire aux yeux des seuls initiés la vie du mort dans tous ses détails.

La cassette fut insérée à son tour dans une urne de porphyre et le cortège des prêtres se forma pour porter au temple d'Isis les cendres du grand prêtre, en attendant qu'un mausolée, digne de lui, lui fût élevé sur le bord de la voie Appia, près des Metellus et des Scipion.

Pendant que le laurier des funérailles, secoué par la main des *præficæ*, aspergeait les assistants et que le chœur des chanteurs et des musiciens entonnaient l'hymne suprême des adieux éternels. « *Ilicet! Salve æternum!* »

VIII

TROP TARD.

Cependant, Claudius n'avait pas oublié son ami, prisonnier dans la maison du fourbe Menkéra, devenu maintenant la proie des démons qu'il servait de son vivant.

Profitant du désarroi apporté dans le palais de l'égyptien par le trouble de ces derniers jours et tous les événements de cette journée funèbre, pendant que la pompe du bûcher se déroulait dans la campagne de Rome, il s'enveloppa d'une ample pœnula et courut au Vélabre, informé par l'esclave qu'il avait soudoyé, que le moment était propice pour délivrer le prisonnier sans avoir besoin de l'aide du préteur.

L'esclave l'attendait à la porte du jardin qui environnait le péristyle.

— Noble Claudius, dit-il, lorsqu'il le vit paraître, vous m'avez promis assez de sesterces pour acheter ma liberté si je vous indiquais le lieu où est enfermé votre noble ami.

— Certainement, Branco, répondit Claudius en tirant la bourse accrochée à sa ceinture, voici les sesterces, il ne tient qu'à toi qu'ils passent de ma ceinture dans tes économies. Es-tu prêt à me conduire?

— Suivez-moi, noble Claudius, et, par Hercule! vous

verrez si un esclave est un être sans parole, aussi vil qu'on répute notre caste.

— Sois prudent.

— Ne craignez rien, noble Claudius, je connais les chemins et, à cette heure, toute la maison est aux funérailles, sauf le portier éthiopien avec lequel nous n'avons rien à faire.

Ils traversèrent le péristyle orné de colonnes de stuc aux couleurs polychromes et peuplé de statues de bronze et de marbre, avec ses parterres de fleurs entourant des vases de Corinthe et son bassin en marbre de Paros où s'ébattaient des murènes ornées de colliers et de boucles d'or, luxe insensé, commun à Rome à cette époque.

Puis, par des sentiers serpentant à travers des massifs, ils s'engagèrent dans l'ombre d'un étroit couloir en pente qui descendait à des chambres souterraines pratiquées sous les fondations du petit temple.

L'esclave avait pris une lampe accrochée par ses soins à la muraille dont l'humidité suintait par places, parmi le scintillement du granit vif qui pétillait comme un semis de paillettes.

Enfin, ils arrivèrent devant une porte solide et chargée de ferrures, derrière laquelle aucun bruit ne se faisait entendre.

— C'est ici, dit l'esclave. Faites entendre votre voix si vous désirez être reconnu, noble Claudius.

Alors, Claudius frappa violemment le bois en criant d'une voix joyeuse :

— Tullius! Tullius!

— Qui m'appelle? répondit une voix connue du romain. Est-ce une ombre ou un vivant?

— C'est moi! c'est Claudius, reconnais-moi, je viens pour te sauver! Es-tu disposé à me suivre?

— Et qui donc ouvrira cette porte?

— Moi, dit l'esclave, j'ai tout prévu, je n'en ai pas les

clefs, mais j'ai caché là une lourde barre de fer qui servira à forcer la serrure.

— Donne vite, dit le romain, et mettons-nous à l'œuvre à l'instant même, par Hercule!

L'esclave s'écarta un moment et prit dans un renfoncement du mur un lourd objet.

Tous deux se mirent alors en devoir d'attaquer la porte en essayant de la soulever hors de ses gonds.

Mais sa solidité eut défié leurs efforts si le hasard ne fut venu à leur aide.

La barre de fer, en déviant, frappa un clou plus gros que les autres, un ressort joua silencieusement et la porte s'ouvrit d'elle-même sans bruit.

Au même instant, surgit une apparition inattendue, venant de l'autre bout du souterrain.

C'était le prêtre Chéphrem, descendu dans ces lieux, muni des clefs de Menkéra pour piller ses trésors cachés.

Le prêtre d'Isis joua de témérité.

— Esclave! s'écria-t-il, en prenant Branco à la gorge, qui donc t'a donné l'audace sacrilège de violer les mystères d'Isis; par Hécate! tu porteras la peine que tu mérites et les murènes exerceront sur toi, dans le *vivarium*, leurs dents affamées. Holà! suis-moi.

— Noble Claudius, s'écria Branco, à mon aide! je suis perdu!...

— Qui appelles-tu? par Pluton! dit Chéphrem, qui ne voyait pas ce qui se passait derrière la porte de la cellule.

— Moi! dit Claudius, en sortant aussitôt accompagné de Tullius, les yeux hagards et le teint d'une pâleur affreuse qu'augmentait encore le triste aspect de son crâne, dépouillé de ses cheveux par le rasoir sacré.

— Par Hercule! que faites-vous ici, noble Claudius, et savez-vous bien que....

— Je viens faire justice! s'écria le romain en saisissant

le prêtre, justice en sauvant un ami atrocement séquestré à la face du soleil, et en accusant un assassin! Tremble, Chéphrem, et, si tu n'as pas peur de l'ombre de ta victime, crains, au moins, la juste vengeance des vivants!

— Que dis-tu? par Isis! as-tu bu quelque philtre empoisonné qui altère ta raison?

— J'ai vu tomber Menkéra sous tes coups, cria le romain, et il ne tient qu'à moi de raconter au préteur ce dont j'ai été témoin avec un ami dans le bosquet sacré, près du massif de Cérès.

— Grâce! ne me dénonce pas! s'écria Chéphrem, haletant et terrifié.... Noble Claudius!...

Claudius se mit à rire d'un rire ironique et plein d'un affront sanglant.

— Ne crains rien, dit-il, je sais les égards que je te dois; un prêtre d'Isis!... Va donc, toi et ton Isis! j'aurai devancé contre toi le jugement de Minos.

Et poussant violemment le meurtrier dans la cellule, il en referma la porte qui retentit du bruit sec du ressort, déclanché dans la masse du portant.

— Et maintenant Tullius, dit-il, partons, nous n'avons plus rien à faire ici, fuyons ces murs pleins d'embûches. Branco, guide-nous fidèlement, ta récompense t'attend à la porte du jardin.

Un rire strident se fit entendre dans la cellule et tout rentra dans le silence profond des souterrains, remplis d'ombre et de mystère.

A pas pressés, sous la conduite de Branco, ils traversèrent de nouveau les jardins, puis le péristyle silencieux et arrivèrent à la petite porte que l'esclave ouvrit.

Alors Claudius tirant sa bourse la remit à ce dernier.

— Tiens, Branco, dit-il, voici de quoi acheter le *soufflet*[1]

(1) Le soufflet était à Rome le signe de l'affranchissement des esclaves.

et que le Ciel te protège pour ta bonne action, qui mérite une récompense plus grande encore qu'une somme de sesterces.

Quand ils furent dehors, Tullius se jeta dans les bras de Claudius.

— Oh ! s'écria-t-il, le meilleur des hommes et le plus dévoué des amis ! Quelle divinité a guidé tes pas vers ma prison ? A quoi dois-je ma liberté, après ta grandeur d'âme et ton courage ?

— A la mort de Menkéra, assassiné par Chéphrem, dans le bosquet de Minerve et dont les funérailles se terminent en ce moment, répondit le romain. Ensuite, à cet esclave, auquel j'ai promis la somme nécessaire à l'achat de sa liberté s'il voulait découvrir ta retraite et m'aider à te tirer de cette prison.

— La grande Isis t'a-t-elle aussi abreuvé de prodiges ? ajouta Tullius avec une amère ironie ; qui eût pu se douter que cette coupe de falerne contenait le plus subtil des poisons !

— Ah ! c'est ce que j'ai fini par comprendre dans la solitude de mes méditations et à force de tourner et de retourner dans mon esprit ces étranges événements, dit le gallo-romain avec une fermeté désormais reconquise ; mais, racontons-nous mutuellement ce qui nous est arrivé.

Claudius et Tullius se firent l'un à l'autre le récit des événements que nous connaissons.

— Et maintenant, interrogea le romain, que penses-tu des mystères de la grande Isis, les as-tu suffisamment approfondis ?

— O Claudius, l'expérience m'a ouvert les yeux sur les fourberies et les hontes de ces temples ; Ben-Jokaï a raison, le monde va s'écrouler et un ordre nouveau de choses va balayer l'ancien qui agonise dans la décomposition et la pourriture.

— Reste à Rome et sous mon toit, dit le romain, la poésie charmera nos loisirs et la philosophie apaisera les besoins de nos cœurs. Plus tard, tu retourneras en Gaule, quand, fatigué de Rome, ton âme regrettera les absents et la terre de ta naissance. Reste au pied des douces Esquilies, Gallo!

— Peut-être, dit Tullius; mais, auparavant, dis-moi où habite ce sage enfant de la Judée qui m'a déjà enseigné de si grandes choses?

— Que lui veux-tu?

— Je veux savoir de lui quelque chose de son Dieu, car ceux de Rome sont trop immondes et mon cœur aspire à des mystères plus purs!

— O *Navis!* soupira Claudius, Horatius Flaccus l'a chanté dans ses vers[1] : « Reste au port, ô vaisseau qui cherches des flots nouveaux! que tentes-tu de dangereux; occupe solidement le rivage au lieu de te fier à la mer aventureuse! »

— N'importe, dit Tullius, j'ai soif de vérité et je veux boire, dussé-je aller aux sources même du Nil![2] Indique-moi la demeure de ce mystérieux philosophe qui parle si éloquemment des grandeurs de son Dieu.

— Il habite le Transtévère et si tu veux le voir, je crois que tu feras bien de te hâter, car, hier même, il m'assurait qu'il se préparait à quitter Rome pour retourner en Judée, attendre, m'a-t-il dit, les grands événements que toutes les Sybilles ont prédits au monde pour le temps qui s'approche.

— J'y vais! dit Tullius.

— Quoi! sitôt, et avec ces vêtements?...

— C'est vrai, dit le Gallo, je ne veux pas être plus longtemps couvert de la livrée d'Isis.

Ils rentrèrent dans la maison du romain et, après un léger repas et une toilette hâtive, ils repartirent ensemble pour le quartier juif du Transtévère, à pied, ne voulant pas même qu'un *carrucarius* soupçonnât le but de leur course.

(1) Horace : *ad navem* l. I, ode XIV.

(2) Les sources du Nil étaient alors complètement inconnues. Elles sont à peine découvertes de nos jours.

Ils eurent bientôt traversé le Tibre au pont Lepidus, coupèrent en biais le *Forum boarium* ou marché aux bœufs, non loin du temple de la Fortune Virile, qui faisait face à celui de Vesta et pénétrèrent en plein Transtévère.

Ils eurent d'abord de la peine à se reconnaître dans ces rues étroites, sales et sombres, dont le Ghetto de nos jours donne une peinture frappante. Mais enfin, après bien des tâtonnements, à la faveur des flambeaux d'une litière égarée dans ces parages, Claudius reconnut la maison de Ben-Jokaï, la plus propre de tout le Transtévère, au point de paraître somptueuse au milieu de toutes ces baraques affreusement sordides et tremblantes à tous les vents comme sujettes à tous les incendies.

— C'est ici, dit-il, frappons à la porte.

Ils frappèrent longtemps sans obtenir de réponse.

A la fin, la barre de fer grinça et un juif en haillons entrebâilla l'huis.

— Que voulez-vous? demanda-t-il.

— Nous voulons, répondit Claudius, parler au savant Ben-Jokaï l'essénien.

— La maison est à vendre, répondit le juif sordide, et Ben-Jokaï est parti hier pour la ville de Tsione.

Cela dit il referma la porte.

— Tu le vois, dit Claudius, les dieux te conservent à mon amitié. Reste à Rome.

— Précieux ami, répondit le gallo-romain, l'air de Rome m'étouffe, ne m'en veux pas, je vais te quitter pour aller vers le soleil de l'Orient, demander à la Judée, de ce qu'elle sait de la nature et de la puissance divine!

— O *Navis!* soupira de nouveau le romain. Pars, et que les dieux te protègent!

Le lendemain, Tullius s'étant muni de tout ce qu'il possédait, embrassa tendrement son ami et se mit en route vers les terres de l'Orient.

IX

LE CHATIMENT.

Chéphrem avait bien raison de ricaner dans la cellule désertée par le prisonnier de Menkéra, que son ami Claudius venait de délivrer.

En un instant, il eut reconnu les lieux, grâce à la lampe qui était restée accrochée à la muraille. D'un doigt expérimenté, il fit tourner dans la voûte une trappe invisible qui faisait partie des secrets du petit temple et aidait aux prestiges de ses desservants imposteurs.

Une petite échelle en descendit, glissant silencieusement dans une coulisse bien ajustée.

— Fous ! s'écria le prêtre d'Isis en haussant les épaules ; comme s'il était possible de nous jouer dans notre propre domaine des tours de cette espèce ! Tout à l'heure je serai riche et demain, peut-être, grand prêtre d'Isis ; marchons en avant ! *Audaces fortuna juvat!* l'héritage de Menkéra m'attend ! c'est à moi de savoir le saisir.

Ce disant, il monta les degrés de l'échelle, passa par la trappe ouverte, prit pied sur le pavé d'une des chambres qui entouraient le temple et fit jouer de nouveau un ressort qui remit tout en place.

Gloire à l'Ineffable ! gloire à Dieu ! disaient-elles,
et paix sur la terre aux hommes de bonne volonté ! (P. 165.)

— Maintenant, se dit-il, ne perdons pas de temps et retournons au souterrain visiter le caveau aux pierres précieuses.

Il refit le chemin qu'il avait déjà fait une première fois et rentra dans les caves, guidé par la lumière falote et tremblante de sa lampe de bronze.

Après avoir suivi de nombreux corridors soigneusement repérés dans leurs bifurcations compliquées, il arriva devant une porte de fer qui eut défié toutes les tentatives, s'il n'en eût pas possédé la clef qu'il choisit dans le trousseau, d'après la configuration de la serrure.

Il ne s'était pas trompé, la porte s'ouvrit avec une certaine facilité; malgré la rouille qui la couvrait, sa masse encastrée dans le granit, tourna sur ses gonds avec un grincement funèbre.

— Va, crie, dit-il en ricanant, tu peux crier, tu n'éveilleras pas Menkéra, par Plulon! je l'ai épié assez souvent, lorsqu'il venait jusqu'ici déposer des fardeaux mystérieux que deux esclaves nubiens, sourds et muets, portaient devant lui.... oh! le pactole va couler chez Chéphrem, je vois déjà scintiller les pierreries... les murs eux-mêmes en semblent tout couverts!...

C'était le scintillement des arêtes vives du granit que voyait le prêtre d'Isis à la lueur de sa lampe et les antennes phosphorescentes des vers luisants rampant dans les ténèbres; il s'avança plein d'une cupide ivresse, un violent courant d'air éteignit sa lampe, le prêtre perdit pied et roula dans un abîme qui ne rendit de lui qu'un hurlement sans écho dans le désespoir d'un engloutissement sans remède.

Les oubliettes de Menkéra avaient vengé son ombre plaintive en dévorant une victime de plus.

. . . .

Pendant cette nuit même, la Saga dans son antre, méditait de redoutables projets.

Du fond de son repaire, elle avait vu les lueurs du bûcher

funèbre et, rampant dans l'ombre, elle était venue jusqu'aux abords de la place des funérailles, s'informer de la qualité du mort illustre, pour qui la torche venait de s'allumer au seuil du Tartare.

— C'est Menkéra, grand prêtre d'Isis, lui avait-on dit, assassiné par un inconnu dans un bosquet sacré du forum.

Elle attendit alors que tout fut terminé et que le dernier des assistants fut parti de la place.

Alors elle s'approcha des restes du bûcher et fouilla avidement les cendres et les charbons.

A la fin, elle se releva triomphante, elle tenait entre ses mains l'objet qu'elle cherchait.

— Maintenant, dit-elle, ô triple Hécate! je vais savoir ce que je veux ; tremble, Chéphrem, si tu penses me frustrer de l'exécution de tes promesses, car je tiens entre mes mains le secret de ton destin.

Toujours rampante, elle se glissa parmi les tombes comme un serpent dans les décombres, s'arrêtant pour cueillir, à la clarté de la lune des herbes vénéneuses parmi de noires imprécations.

Arrivée près du tombeau en ruines qui lui servait de repaire, elle en fit trois fois le tour en marmottant des paroles incompréhensibles, puis elle y entra et se mit en devoir de commencer de terribles enchantements.

— Une dent de Menkéra, ô triple Hécate! hurla-t-elle, toi seule sais ce qu'on peut faire avec une dent!

Tout à coup le crapaud se gonfla démesurément et éclata comme une vessie trop gonflée, le chat se mit à courir autour du tombeau avec des hurlements affreux, puis il s'enfuit par la porte entr'ouverte, tandis que le serpent, soudain dressé, dans un sifflement strident et lugubre, entoura la poitrine de la vieille harpie, monta jusqu'à son cou hideux, glacial comme le trépas, et fit dans ses replis râler d'agonie sa gorge oppressée.

Les vertèbres craquèrent lugubrement, ses yeux jaillirent de son orbite et elle tomba dans un dernier spasme sur le foyer allumé, qui la carbonisa lentement dans une affreuse odeur de grésil.

. . . .

Claudius demanda à la vieille Barbera si le *tabellarius* avait apporté les *Acta diurna*.

La fidèle esclave les lui remit et il les parcourut avec une vive stupéfaction.

Les jeux romains, par ordre d'Auguste, étaient ajournés. La voix publique affirmait que, de toutes parts, étaient arrivées à Rome d'étranges nouvelles des confins les plus reculés de l'empire.

Des temples s'étaient écroulés et l'on avait entendu autour des trépieds sacrés des clameurs d'angoisse.

Apollon, de Delphes,[1] était devenu muet, le fameux oracle de Dodone avait perdu sa voix et l'esprit de Python avait abandonné les sybilles sans lumières, près des autels désormais entourés des plus mornes ténèbres.

Des passants affirmaient avoir entendu la nuit, le long de la voie Appia, les plaintes douloureuses des ombres du Tartare.

Enfin, un décret émané de César-Auguste et déjà promulgué aux rostres du forum, ordonnait le recensement de l'univers soumis aux lois de l'empire romain.

(1) Stace : « Mutisque diu plorabere Delphis. »
Juvénal : « Delphis oracula cessant
« Et genus humanum damnat caligo futuris. »
Strabon rapporte aussi les mêmes faits ainsi que Porphyre.

TROISIÈME PARTIE

L'AURORE.

I

LA TERRE DES PRODIGES.

Or, les temps étaient accomplis!

La longue histoire du peuple juif touchait à ces heures solennelles et prochaines où la main du Christ allait en fermer le livre, en attendant la tempête nouvelle qui en sèmerait à jamais et sans retour les pages transformées, sur toutes les routes de l'univers.

Héritier de la promesse de Jéhovah! enfanté du Seigneur par le canal des patriarches, sacré peuple du Très-Haut par le génie inspiré de Mosché, qui plia pour les siècles sa tête dure au joug de la loi du tonnerre donnée sur le Sinaï, tour à tour saint et coupable, comblé de biens et châtié avec la verge de fer des catastrophes, toujours lui-même, soit qu'il écoutât la harpe de David ou s'éblouit des splendeurs de Schlomo,[1] soit qu'il portât les chaînes de Nabouchadnetzar[2] sur les rives du

(1) Salomon.

(2) Nabuchodonosor.

fleuve de l'exil, tandis que la voix de ses prophètes chantait à ses oreilles le chant douloureux des souvenirs de Tsione en ruines, les mélopées lamentables de la captivité farouche ou les hymnes énigmatiques de la lointaine délivrance, le *peuple* marqué au front du sceau indélébile de la Promesse, se relevait sans cesse de son idolâtrie passagère et de ses ruines fréquentes, reprenait le chemin de Hierouschalaïme, purifiait ou reconstruisait le Temple,[1] poussé vers l'avenir prophétique, maintenu dans la voie du Christ futur et sauvegardé de la disparition politique comme de la pestilence des autels des dieux étrangers, par la main éternelle qui avait écrit son destin sur la pierre cubique du Temple, dont l'Urim et le Thummin[2] étaient les joyaux, et fixé pour la mémoire de ses derniers descendants, le nom et la qualité de son Dieu, sur la plaque d'or du turban du grand prêtre : *Quodes Jahouh!* Saint à Jéhovah!

Succédant, après de longs siècles, aux vicissitudes de l'oppression égyptienne, des douleurs de l'exode, des tourments de la captivité adoucies de loin en loin par les consolations de Chanaam, une domination nouvelle était venue mettre aux pieds de la Judée de nouvelles chaînes, dont la splendeur ne pouvait cacher le poids ni élargir l'étroitesse.

Tout ensanglantée par la guerre civile, résultat des schismes, des usurpations et des ambitions des prétendants au trône et au suprême sacerdoce, troublée par la persécution, envahie, malgré le dévouement des Macchabées, par la tourbe impure des faux dieux, livrée à l'anarchie et réduite à tendre les mains vers Rome médiatrice des destinées du monde, elle avait été adjointe comme province par Pompée à la métropole de l'univers.

(1) An 63 avant Jésus-Christ.

(2) Pierres précieuses mystiques qui agrafaient le pectoral du grand prêtre.

Enfin un homme bas et sanguinaire, que l'histoire devait souffleter d'ironie en lui conservant le nom de *Grand*, rêva de se constituer un trône sur ces ruines, sous la protection et à la faveur de Rome.

Hérode, fils d'Antipater, ministre astucieux et félon d'Hyrcan, roi reconnu par Pompée, profita de nouveaux troubles et, ayant gagné la faveur d'Antoine et d'Octave, inaugura la dernière dynastie des rois de Judée, la dynastie Iduméenne.

Orgueilleux au point de porter envie à la gloire antique de Schelomo, il rebâtit le temple encore une fois ruiné par la guerre civile, étouffa dans le sang les dernières revendications des Macchabées, égorgea Hyrcan attiré dans un piège, massacra tous les parents de ce dernier, et porta la mort jusque dans sa propre famille pour être sûr que nul n'attenterait à ses jours et n'essaierait de lui ravir une couronne infâme et sanglante.

Il n'était pas encore au bout de ses crimes, que Rome regardait d'un œil indifférent.

Après tant d'atrocités, en effet, une période de calme semblait s'être levée sur la Palestine, donnant aux yeux le spectacle d'une résurrection illusoire de sa prospérité et de sa grandeur éteintes.

Hierouschalaïme rayonnait alors d'une beauté nouvelle entre ses trois montagnes et son enceinte restaurée, qui contenait le temple reconstruit richement et le palais de marbre blanc d'Hérode, parmi les souvenirs de David et les reliques vénérables des temps anciens échappées aux révolutions intestines et aux convulsions étrangères.

La cité sainte apparaissait aux yeux du voyageur avec sa ceinture de portes ouvrant dans ses murailles faites de tours massives, dans le panorama du mont des Oliviers, de Gethsémani et du Jourdain.

La montagne de Tsione dominait la ville au sud-ouest,

couronnant dans l'azur et la pourpre du ciel, son front qui contemplait la cité avec les toits plats de ses maisons blanches, le ton gris de ses rues et le jaillissement argenté de ses fontaines.

Sur ses flancs, relique des âges, un bois de cyprès sombres conservait la mémoire harmonieuse de David, qui venait aux heures crépusculaires y déposer les soucis de sa couronne, en contemplant les panoramas de la vallée ombreuse, au fond de laquelle mugissait l'intermittente et écumeuse colère des ondes bondissantes du torrent de Kidron.[1]

Puis, c'était Josaphat, la vallée des tombeaux, confondant dans leur architecture basse et presque enterrée, les faisceaux de palmes, les corniches égyptiennes et les frises doriques, tandis que, dans le lointain, comme un volcan éteint, parmi les montagnes de Judée et d'Arabie, aux tons désolés et lugubres, la mer maudite dormait, enchaînée par le poids de ses vagues de sel, de soufre et de bitume, tel un énorme miroir aux mornes reflets d'acier bleui.

Au pied de la montagne de Tsione, s'étendait la vallée du Tyropœon, jadis comblée par Schelomo pour en faire la place de la porte des Eaux; elle rejoignait à l'occident la fontaine de Siloé, creusée dans le roc et ombragée de grenadiers et de mélèzes à la verdure mélancolique, séparant Tsione du mont Acra, jadis fortifié par Antiochus Epiphane, rasé par Simon le Macchabée et réuni ainsi dans le même plan au mont Moria qui tenait le sud-est.

C'était sur cette montagne que s'élevait le Temple éblouissant par la blancheur de ses marbres décorés d'or prodigué, avec son toit de pierre hérissé de pointes de métal, ses quatre immenses portiques et son dôme imposant surmontant l'immense galerie qui allait de l'Orient à l'Occident.

Par la puissance de ses assises, la grandeur de son

(1) Cédron.

exécution magistrale, l'œuvre d'Hérode ressemblait à un fruit merveilleux naturellement éclos sur la sainte montagne.[1]

Au sud-ouest, traversant la vallée du Tyropœon, un pont conduisait au Xystus, place publique destinée aux assemblées du peuple.

Au nord-ouest, s'élevait la tour Antonia, sur un rocher plaqué de marbre, communiquant avec le temple par un vaste souterrain conduisant au portique de l'orient.

Au nord, le Bézétha, puis la montagne des Oliviers couronnée sur son triple sommet, de l'arbre au feuillage sombre, et dont les flancs abrupts descendaient parmi les palmiers, les pins et les mélèzes, à la vallée des Tombeaux.

Enfin, du point culminant de la montagne sacrée, l'œil embrassait un des plus grandioses panoramas du monde et des horizons tellement fécondés par la pensée humaine, parmi les bénédictions du Ciel, que Satan, aux heures de la tentation du Christ sur le pinacle du Temple, a pu les lui offrir comme une image étincelante de tous les royaumes de la terre.

La plaine de Jéricho et les routes de l'Arabie et de la Mésopotamie, portes de la Perse et des Indes.

Le majestueux Jourdain aux rives assombries par des forêts de saules, jusqu'à son estuaire de l'Asphaltite, depuis sa source jaillissant au sud-est des flancs de l'Hermon au front blanchi par les neiges éternelles.

Et la ville sainte dans son manteau de splendeurs, les terrasses de Sion, les jardins royaux, les massifs d'aromates, de nard, de cinnamome, de myrrhe et d'aloès, le palais de marbre d'Hérode, les tours Hippicus, Mariamne et Phazaël aux faîtes crénelés, estompés de brumes irisées, l'amphithéâtre et les marchés, les piscines, les colonnes, les ponts et les jardins suspendus.

(1) Munck : *Palestine.* De Saulcy : *Voyage autour de la mer Morte.* Josèphe : *Antiquités judaïques,* etc.

Et l'animation extraordinaire et colorée, de l'immense population de toute sorte, qui circulait comme un sang impétueux et brillant dans toutes les artères de la ville.

Et comme si ce n'était pas encore assez de ce spectacle, l'ivresse des yeux s'achevait, dans l'incendie du ciel, avec les plateaux lointains de Gelboë, Ephraïm, Galaad, Abarim. Puis c'était Bethléem, dont les routes aux pierres noires, construites par Schelomo, s'en allaient vers Joppé, Emmaüs et la Méditerranée, Gaza, l'Egypte et l'Ethiopie!... Hébron...[1]

Telle était, à cette heure solennelle des temps accomplis, Jérusalem la sainte et l'orgueilleuse, terre de splendeur humaine et de fertilité divine, sol mystique où survivait dans l'ombre et le silence, sous le voile épais des prophéties sacrées, un tronc mystérieux :

La souche de Jessé, du pied de laquelle s'élevait déjà la branche verte qui allait offrir, dans une fleur sans tache, un calice saint à l'Esprit du Seigneur,[2] et le Verbe attendu des nations enchaînées dans les impurs replis du serpent.

Car, selon la prophétie de Daniel, le sceptre est sorti des mains de Juda, les soixante-dix semaines d'années sont écoulées et des hauteurs des cieux va descendre le Messie par la vertu du Très-Haut!

(1) Auteurs déjà cités, anciens et modernes.

(2) Egredietur virga de radice Jesse, flos de radice ejus ascendet et requiescet super eam spiritus Domini. (Isaie, xi, 1, 2.)

II

LA PREMIÈRE PAROLE DE L'ÉTRANGER.

L'aurore écartait du ciel les voiles rapides de la nuit et le soleil s'élevait comme un lampadaire aux flèches d'or, à l'horizon de Jéricho, incendiant de sa lumière matinale, les sommets rocailleux des montagnes hébraïques.

A cette heure pleine des rafraîchissantes vapeurs qu'exhalent les rosées des nuits, la ville sainte s'éveillait, chassant de ses maisons son peuple bigarré de couleurs éclatantes ou accueillant les voyageurs dans ses murs.

Gardes et soldats romains, aux casques de fer et d'acier poli surmontés des aigles de César, citoyens aisés, vêtus de chlamydes légères, de robes jaunes ou bleues, drapés dans le pallium aux tons de pourpre, d'azur ou d'orangé, dont les plis s'agrafent de cornalines ou d'agathes montées dans le métal précieux, préposés aux portes dans leur costume simple d'employés de l'impôt, marchands en habits de travail portant aux marchés dans des corbeilles ou à dos de chameaux l'orge, le froment, les pastèques, les dattes, les outres d'huile ou de vin, les blocs de résine, les sacs de parfums; centeniers en uniforme, subalternes des centurions, docteurs en toge, prêtres habillés de lin, filles de Judée vêtues de toile fine sous la tunique d'azur serrée à la taille et coiffées du turban de laine, arrivant des campagnes de Bethléem ou de Jéricho, la tête chargée de corbeilles pleines de raisins, d'amandes, de figues, de bananes, de gâteaux de maïs et de colombes, parcouraient les rues en tous sens, allant vers les marchés ou montant jusqu'au temple du Seigneur, dont le parvis était alors encombré de toutes sortes de vendeurs, ceux-là mêmes, dont le fouet vengeur du Christ devait, plus tard, fustiger les épaules sacrilèges.

Or, sorti dès l'aube, de sa maison, un vieillard, vêtu de la robe sacerdotale, cheminait d'un pas pesant à travers les rues de la ville, montant au Temple pour le sacrifice de l'aurore.

Après avoir franchi la première enceinte, il traversa la foule qui encombrait le premier parvis, prête à se prosterner vers le « Saint »[1] pour l'adoration du matin.

Le prêtre Zacharie en passa la porte à larges ferrures de bronze, drapée sous les plis épais d'un tapis d'azur, de pourpre et d'écarlate, franchit le parvis sacerdotal où se trouvait l'autel des holocaustes aux larges grilles d'airain, la *mer* ou immense bassin de bronze servant aux ablutions des sacrificateurs et supportée par la croupe de douze bœufs affrontés et les dix coupes de cuivre portées par les quatre figures mystiques du chéroub, du lion, de l'aigle et du taureau.

Parmi les lambris étincelants d'or et de pierres précieuses, il s'avança, dans la paix du sanctuaire, à travers les dix tables de Sittim et la table des pains de proposition, vers l'autel des parfums, aux seize cornes d'or, éclairée par le chandelier d'or dont les sept branches brûlaient l'huile parfumée devant le voile de soixante-quinze pieds, tissé de fin lin, coloré d'hyacinthe et de cramoisi, qui séparait le « Saint »

(1) La partie du temple placée avant le Saint des saints et au seuil duquel le peuple était admis pour la prière.

du Saint des saints, sanctuaire inviolable où parmi les lambris de cèdre aux figures d'anges, au semis de palmes, d'anémones et de coloquintes, encastrées de cloisonnés d'or fin, sous les plafonds d'ivoire précieux, l'arche sainte reposait à l'ombre vigilante des ailes de quatre kéroubs à la face de taureau, dans un mystère interrompu seulement une fois l'an, quand le grand prêtre, au milieu des acclamations du peuple, venait y prononcer le NOM DU TRÈS-HAUT, que Moïse avait défendu de communiquer aux profanes ou décrire sur aucune surface accessible aux yeux mortels. Et, comme il prenait l'encensoir pour offrir les parfums devant l'autel, songeant au peuple qui priait au dehors en communion avec le prêtre, un inconnu surgit soudain à droite de l'autel, drapé dans une tunique d'une blancheur éclatante.

Effrayé, le vieillard considéra, sans voix, l'étranger, tandis que sa main tremblante hésitait à lever l'encensoir devant ce visiteur imprévu, dont la présence, en violant la loi de Moïse, profanait les mystères du culte du vrai Dieu.

Enfin, remis de son émoi :

— Qui donc es-tu, dit-il, ô toi qui oses approcher du voile redoutable du Saint des saints, derrière lequel veille la majesté foudroyante de l'Eternel?

Mais la face de l'étranger s'illumina de rayons, il ouvrit la bouche et parla :

— O Zacharie, dit-il, ne crains rien, car le TRÈS-HAUT a entendu ta prière et elle est exaucée. Ta femme Elisabeth va concevoir et te donner un fils et tu l'appelleras JEAN. Et sa naissance emplira ton cœur d'allégresse, et beaucoup d'autres seront avec vous dans la joie et la jubilation. Car, parmi les hommes, ton fils sera grand; il convertira un grand nombre des enfants d'Israël et préparera au Seigneur un peuple parfait.

Mais le vieux prêtre, craignant toujours les embûches de l'imposture, reprit aussitôt :

— Et comment penses-tu que je pourrais m'assurer de la vérité de tes paroles, car je suis vieux et ma femme Elisabeth elle-même est avancée en âge?

Alors l'étranger se couvrit d'un nuage qui ressemblait à des ailes aux plumes neigeuses :

— Sois satisfait, dit-il, car je suis Gabriël, l'envoyé du Seigneur, et je t'annonce ces choses par l'ordre du TRÈS-SAINT. Et voici que tu seras privé de la parole jusqu'au jour où, ces choses étant arrivées, tes lèvres s'ouvriront pour le cantique!

Et l'étranger s'évanouit comme une vapeur légère.

Au dehors, le peuple attendait, étonné par la longueur de la prière de son prêtre.

Dès qu'il sortit, on s'empressa pour l'interroger.

Et, comme il était muet, un murmure parcourut le peuple frissonnant de crainte.

Et ils se disaient tout bas entre eux :

— Voici que Zacharie ne parle plus, car il a vu la gloire mystérieuse de Dieu!

. . . .

. . . .

Quelque temps après ce jour, un autre vieillard au front chenu, à la longue barbe grise, vêtu d'une bure sombre, déjà courbé, sans doute, par les fatigues d'une vie laborieuse d'ouvrier, comme semblaient l'attester ses mains calleuses et fortes comme celles de ceux qui manient les outils, descendait du temple, à son tour, accompagné d'une jeune femme vêtue d'une robe de lin et d'une tunique d'azur, marchant à ses côtés la tête couverte d'un grand voile.

Ils allaient parmi l'indifférence des uns et les railleries des autres, traversant les rues de Jérusalem et se dirigeant vers l'enceinte nord de la ville.

Arrivés là, ils s'arrêtèrent dans un *diversorium*,[1] où ils

(1) Hôtellerie.

prirent un léger repas de pain, d'eau et de fruits, puis, le vieillard détacha de l'écurie une mule au pied léger, y fit monter la jeune femme et, tenant l'animal par la bride, conduisit à pied la monture et son fardeau.

Ils marchaient vers la Galilée à travers les chemins à peine tracés, s'arrêtant parfois pour prendre un peu de repos, car ils avaient à faire une route de vingt-cinq lieues.

Enfin, ils arrivèrent en vue d'un village aux cases blanches, entouré de luxuriantes verdures, occupant un vallon fertile, comblé des grâces de la nature et embaumé du parfum des fleurs.

Ils entrèrent par une sorte de gorge bordée de thérébinthes et d'aloès, fleurie de myrtes et de roses et s'engagèrent dans un chemin en pente, au milieu duquel une petite maisonnette blanche adossée à une élévation de terrain, montrait sa porte hospitalière et la terrasse basse de son toit propice à la prière et aux méditations du soir.

Le vieillard arrêta sa monture, en fit descendre la voyageuse et, lui ouvrant la porte :

— Voici votre demeure, dit-il, ô Marie, la maison où vous coulerez des jours heureux sous la sauvegarde de ma vieillesse à qui le Seigneur vous a confiée; soyez bénie comme vous êtes pure, ô Marie, et prenez possession de votre héritage, c'est ici le bourg de Nazareth où Joseph, le charpentier, vit du travail de ses mains, en confectionnant avec le bois des jougs et des charrues.[1]

(1) Saint Justin le martyr : Dialog. cum Tryphone. — Selon saint Ambroise : Comment. sur saint Luc, l. III-II, saint Joseph abattait et taillait des arbres. Il faisait aussi de la serrurerie. Cette tradition était vivace au temps de Julien l'apostat qui, ayant demandé à Libanius son serviteur et ami ce que faisait le Nazaréen en reçut cette réponse qui est dans la mémoire de tout le monde : Le Nazaréen est *occupé à faire un cercueil* pour l'empereur Julien. (Sozomène, *Hist. eccles.* l. VI, ch. II.)

La maison, comme toutes celles du pays, se composait de deux étroites pièces et d'une grotte, servant de fraîche retraite contre les ardeurs du soleil, et sa terrasse, peu élevée, était ombragée de bouquets de nopals épineux, de figuiers et de grenadiers.

Marie connaissait bien la maison, car elle en avait hérité de sa mère, et c'était là le seul palais qui restât sur la terre, à Marie et à Joseph, les derniers rejetons de l'opulente et glorieuse maison de David.

III

LA SECONDE PAROLE DE L'ÉTRANGER.

Deux mois s'étaient écoulés dans la paix et le travail sanctifiés par la prière quotidienne.

Marie vaquait aux soins du ménage et à l'entretien de la petite maison, tandis que Joseph se livrait au labeur des charpentiers dans son atelier.[1]

Personne, dans ce village de la tribu de Zabulon, perdu dans les collines de la Basse-Galilée, ne soupçonnait l'auréole qui décorait le front des modestes et saints époux car, d'une part, l'incrédulité des habitants était grande,[2] et d'autre part, tout le monde disait et croyait sur la foi des Écritures, que rien de bon ne pouvait venir de Nazareth.[3]

Marie ne sortait de chez elle que pour acheter les menues provisions nécessaires au ménage, que le jardin ne produisait pas, ou pour aller comme toutes les femmes du village, la cruche sur la tête, puiser de l'eau à la fontaine

(1) Une belle église dont il ne reste qu'un pan avait été jadis construite à l'endroit de cet atelier. Il y a maintenant en ce lieu une simple chapelle à quelques pas d'un couvent de franciscains. Bourassé — Terre Sainte.

(2) Matthieu, ch. XIII, ℣. 58.

(3) Jean, chap. I, ℣. 46.

abondante et limpide, qui coule encore au nord du petit pays et dont le flot murmurant, après s'être amassé dans un assez large bassin, s'enfuit en susurrant sur les cailloux à travers un massif de beaux arbres ombreux.[1]

Invisible presque tout le reste du jour, parfois on la voyait le soir, assise sur la natte grossière, respirer l'air pur des montagnes sur le toit de sa maison.

Mais la plupart du temps, retirée dans la grotte, partie la plus secrète de sa demeure, Marie, après les travaux du jour, méditait et priait pendant que Joseph prenait un repos bien gagné ou s'attardait au travail.

Ce soir-là, le soleil était tombé plus glorieux derrière les montagnes de la Galilée, laissant la terre assoiffée sous l'or et la pourpre du ciel sanglant.

Peu à peu, la nuit avait envahi le ciel, chassant les dernières bandes de pourpre du couchant et parsemant de clous d'or le manteau de la nature.

L'écho renvoyait la chanson du pâtre ou le son de sa flûte dans les anfractuosités des collines, et les filles de Nazareth revenaient en troupes babillardes de la fontaine, leur urne sur la tête, sous le regard familier de leurs frères ou de leurs époux accroupis sur le toit de leurs blanches maisons.

Retirée dans la grotte au plus profond de sa demeure, en attendant le retour de Joseph, Marie priait.

Tout à coup, un étranger vêtu de blanc apparut à ses yeux, plein d'une beauté lumineuse et le visage empreint de la plus sereine douceur.

Effrayée, Marie porta la main sur son cœur, muette à la vue de cette apparition qui éclairait d'une lueur douce et opaline l'atmosphère sombre de la grotte.

(1) Cette fontaine existe toujours et s'appelle la *fontaine de Marie*. Les pèlerins s'y baignent les mains et la tête par dévotion et les habitants assurent que cette eau guérit toutes sortes de maux. (Bourassé.)

— Qui es-tu donc, ô étranger, demanda-t-elle enfin, et pourquoi, Joseph, mon époux, ne m'a-t-il pas informé de ta venue?

Mais l'inconnu ouvrit la bouche et parla :

— Je vous salue, dit-il, ô Marie pleine de grâce! l'Eternel est avec vous et il vous a bénie entre toutes les femmes!

A ces paroles, la frayeur de Marie redoubla et elle resta sans voix en entendant le salut de l'étranger.

Celui-ci, alors, voyant son trouble et sa crainte, lui dit :

— Que votre cœur soit en paix, ô Marie, ne craignez point, car vous avez trouvé grâce devant Dieu. Voici que son Esprit descendra en vous et vous concevrez un fils et vous l'appellerez du nom de JÉSUS. Et ce fils sera grand parmi les enfants des hommes, il sera appelé le fils de l'INACCESSIBLE TRÈS-HAUT, et son règne ne finira point.

Mais voilà que le Seigneur fait une autre merveille : Votre cousine Elisabeth aura un fils dans sa vieillesse, car il n'y a rien d'impossible à Dieu!

Marie sentit la crainte qui l'avait envahie faire place à une transe mystérieuse et divine et, saisie de respect, elle inclina la tête.

— Voici donc, dit-elle, la servante humble du Seigneur, que la parole que vous m'annoncez soit accomplie.

Alors, comme il l'avait fait naguère devant Zacharie à droite de l'autel des encensements, Gabriël se revêtit de brumes ailées et disparut.

Le mystère était accompli et le Verbe du TRÈS-HAUT INACCESSIBLE était descendu sur la terre pour se revêtir de la nature humaine.

IV

L'ALLÉGRESSE DE MARIE ET LA « VOIX » DE ZACHARIE.

Cependant, le prêtre Zacharie était toujours muet. Chaque jour il montait au temple offrir l'encens, traversant le peuple respectueux pour son âge, sa sainteté et l'infirmité soudaine qui avait frappé sa langue lorsqu'il avait été le témoin de la gloire fulgurante du Très-Haut.

Mais lui n'était point triste et ne regardait pas comme une calamité ces liens qu'un prodige avait noués et que dénouerait un autre prodige.

Et, dans sa solitude, il rendait grâces à Dieu.

Elisabeth, en effet, n'était pas à Jérusalem avec son époux.

Au sud de la ville sainte, à deux lieues environ, et à trente lieues de Nazareth, s'élève la colline du petit Hermon, aux flancs couverts du sombre feuillage de l'olivier.

Au pied de la colline, entre le fameux village d'Endor, où jadis la pythonisse avait évoqué aux yeux épouvantés de Schéoul l'ombre sanglante, tragique et vengeresse de Schémouel et le pauvre village de Naïm de la tribu de Siméon, selon l'antique partage de la terre promise, s'élevait une petite maison de campagne où Elisabeth attendait en paix l'enfant du miracle.

Assise sur le toit de sa maison,[1] au milieu de ses servantes qui filaient le lin auprès d'elle, elle songeait aux grandes choses que le Seigneur, Dieu d'Israël, allait accomplir, à Zacharie, son époux, qui était dans la cité de David à cette heure, et ses yeux se portaient ensuite vers les campagnes et les collines de la Galilée où Marie, sa cousine, de la maison de David, filait le lin en attendant comme elle, aux côtés de Joseph la réalisation du mystère.

Soudain, dans le lointain du sentier poudreux, sur le fond du paysage buissonnant de nopals épineux, de lauriers en fleurs, de mûriers aux baies noires et d'oliviers aux feuillages sombres apparut une humble caravane.

C'était une mule, conduite à la main par un vieillard courbé et vêtu d'une tunique et d'un manteau de bure brune, et qui portait sur son dos une jeune femme dont la tunique d'azur semblait un coin du ciel crevant le paysage, tandis que son voile d'hyacinthe, léger comme une brume de mer, flottait au gré du tiède zéphir.

— Regardez, dit-elle à ses servantes, la visite que m'envoie la bonté du Seigneur !

Et comme les femmes s'étaient mises à regarder la petite caravane qui se rapprochait insensiblement :

— Hâtez-vous de descendre, dit-elle, et de préparer des rafraîchissements, des bains de pieds et des sophas[2] car voici Marie elle-même qui daigne me visiter.

Puis Elisabeth se leva et descendit du toit sur le seuil de la maison, comme Marie y arrivait.

(1) Une grande partie de la vie en Judée se passait sur le toit des maisons arrangé en terrasse parfois ornée de tentes de toile ou de feuillage surtout au moment de la fête des Tabernacles. D'où cette parole de l'Evangile : « Que celui qui est sur le toit ne descende pas pour prendre son manteau. »

(2) Les Hébreux prenaient alors leurs repas, couchés, comme les Grecs et les Romains. Toutefois les femmes s'asseyaient souvent comme cela se faisait à Rome au temps d'Auguste dans les repas cérémonieux.

Elle la reçut dans ses bras et l'embrassa tendrement en s'écriant :

— D'où me vient cet honneur qui glorifie ma maison, que la mère de mon Seigneur daigne me visiter?

Alors, des larmes emplirent les yeux de Marie; elle leva vers le ciel ses mains effilées comme des rayons de soleil et blanches comme des clartés de lune et s'écria dans l'ivresse de son extase :

— Mon âme glorifie le Seigneur, et mon esprit a tressailli d'allégresse en Dieu mon Sauveur!

« Parce qu'il s'est abaissé vers son humble servante; et voici que toutes les générations m'appelleront bienheureuse!

» Saint est le nom du Très-Haut dont la puissance a fait pour moi des merveilles!

» Les âges seront pleins de ses miséricordes! il a fait tomber les puissants de leurs trônes et exalté les humbles en dissipant les embûches des orgueilleux!

» Les affamés sont rassasiés près des riches qui ont faim, et sa bonté s'est répandue sur Israël son serviteur, en souvenir de ses promesses faites à Abraham et à sa postérité![1] »

. . . .

Alors les servantes lavèrent les pieds de Marie et s'empressèrent autour d'elle pour lui servir le vin mêlé de miel et d'aromates, les dattes, les pastèques et le pain.

Dès le lendemain, Joseph monté sur sa mule, reprenait le chemin de Nazareth où son travail l'attendait, tandis que Marie restait pour quelques mois auprès de sa cousine.

. . . .

Cependant le temps vint où la première parole de l'éclatant envoyé du ciel allait avoir son accomplissement.

Le terme d'Elisabeth approchait et le vieux prêtre Zacharie se mit en route, quittant Jérusalem pour venir à Naïm.

(1) *Magnificat.* Saint Luc, I. — Paraphrase.

Et comme il arrivait, il trouva une foule de gens venus de Naïm et d'Endor, qui entouraient Elisabeth et la félicitaient d'avoir eu un fils dans sa vieillesse par la grâce du Seigneur.

Car l'enfant était né, qui devait préparer les sentiers du Seigneur à travers les collines et les vallées, et frapper les déserts des échos de sa voix.

Des larmes remplirent les yeux du vieillard et de sa gorge muette sortirent des sanglots au lieu de paroles.

Huit jours s'écoulèrent et le vieux prêtre n'avait point recouvré l'usage de sa langue.

Or, c'était en ce temps-là que l'enfant devait être circoncis et recevoir un nom.

Et comme Elisabeth déclarait qu'on le nommerait Jean, ses parents s'y opposèrent avec vivacité.

— Pourquoi, ô Elisabeth, lui dirent-ils, voulez-vous le nommer de ce nom ? Nul dans notre famille ne s'appelle ainsi et vous ne pouvez faire autrement que de lui donner le nom de Zacharie, son père.

Alors le vieillard intervint et, prenant à sa ceinture les tablettes qui y étaient suspendues, sur la cire fragile avec la pointe du style d'acier, il écrivit le nom de « Jean. »

Et voici qu'en cet instant, sa bouche s'ouvrit devant les assistants étonnés, et il prophétisa :

— Béni soit Adonaï, le Dieu d'Israël ! car sa Rédemption est descendue sur son peuple !

« La maison de David a reçu le signe du salut, comme l'ont annoncé dans tous les temps, les Saints et les prophètes !

» Nous serons sauvés de nos ennemis et délivrés de leurs mains, parce que sa miséricorde se souvient de son alliance avec nos pères et du serment qu'il a fait à Abraham de se donner à nous, afin que nous marchions en paix en sa présence, dans la sainteté et la justice.

» Et toi, petit enfant, tu seras appelé le prophète du

Très-Haut, car tu marcheras devant la face du Seigneur pour préparer ses voies, afin de donner à son peuple la science du salut pour la rémission de ses péchés.

» Et cela, par la miséricorde de notre Dieu, qui l'a poussé, pour nous visiter, à quitter les hauteurs des cieux pour éclairer ceux qui sont assis dans les ténèbres à l'ombre de la mort, et diriger nos pas dans la voie de la paix![1] »

Et ceux qui étaient là se prosternèrent, adorant la majesté du Très-Haut qui ombrageait son peuple et parlait par la bouche déliée de celui qui avait vu devant lui la gloire fulgurante de Dieu!

. . . .

(1) Saint Luc. Cantique de Zacharie.

V

MAGALATH, GALGATH ET SARAZIN.

Or, en des temps plus antiques, la Vertu du Très-Haut, maîtresse éternelle des oracles de Satan, avait, par la bouche impure d'un devin des nations, forcé Python à célébrer le salut d'Israël et la gloire éternelle du Verbe fait chair, en chantant sa splendeur future.

En ce temps-là (quinze siècles écoulés), Balaam, fils de Behor, demeurant près du fleuve du pays d'Ammon, prophète sacrilège qui vendait à prix d'or les oracles de Johah et sacrifiait « aux sept étoiles de Moab qui, dès avant leur lever, avaient transgressé l'ordre divin,[1] » reçut de Balac, fils de Sephor et roi de Madian, des envoyés chargés de présents qui vinrent le supplier, au nom de leur maître, épouvanté du massacre des Amorrhéens, de maudire les pas d'Israël et d'appeler sur le peuple de Jéhovah la défaite et la ruine.

— Attendez, répondit-il aux vieillards de Moab et de Madian, car je consulterai cette nuit, le Seigneur, et vous rendrai réponse à l'heure du matin.

(1) Selon le livre d'Henoch.

Mais dans le mystère de la nuit, la voix de Johah se fit entendre et lui dit.

— Garde-toi, Balaam, de t'en aller avec les envoyés de Balac et de maudire ce peuple, parce qu'il est béni!

Et Balac, à cette réponse, lui envoya des ambassadeurs nouveaux et plus nombreux encore, avec d'autres présents plus riches, qui lui dirent ;

— Hâte-toi, Balaam, de venir vers Balac, notre roi, qui te comblera d'honneurs et de richesses, afin que ta malédiction descende sur ce peuple!

Alors le devin demanda une nouvelle nuit pour interroger le Seigneur.

Et la voix de Johah se fit de nouveau entendre et lui dit :

— Va donc avec eux, puisqu'ils viennent te chercher, mais garde-toi de me désobéir!

Et le matin, le prophète sacrilège sella son ânesse, la monta et partit.

Alors, l'ange du Seigneur se tint avec une épée nue, en un chemin étroit, devant la bête qui s'enfuit à travers la campagne et rencontra par trois fois l'envoyé de Jéhovah, jusqu'à ce que, le défilé étant de plus en plus étroit, elle ne put avancer outre, malgré les coups que lui prodiguait son maître insensé.

Et comme le prophète impie la poussait plus durement encore, soudain l'animal se mit à parler et lui dit :

— Pourquoi m'avez-vous frappé trois fois, vous ai-je jamais désobéi ou frappé moi-même?

— Jamais, dit le devin, dont les yeux s'ouvrirent à la clarté du prodige.

Et il se prosterna pour adorer.

— J'ai péché, dit-il, faut-il m'en retourner à présent, s'il ne vous plaît pas que j'aille où je vais?

— Allez, dit l'ange, mais gardez-vous de me désobéir.

Et Balac reçut le devin avec pompe et lui renouvela lui-même sa demande de maudire Israël.

Mais Balaam ne s'engagea qu'à obéir à l'Esprit du Seigneur et, du sommet de toutes les collines de Moab et de Madian, parmi les holocaustes et l'encens, il prophétisa les prophéties de Jéhovah.

. . . .

« Voici ce que dit celui qui entend les paroles de Dieu et voit les visions du Tout-Puissant : Je le verrai, mais non maintenant; je le considérerai, mais non de près. Une étoile sortira de Jacob, un rejeton s'élèvera d'Israël, et il frappera les chefs de Moab et il ruinera toute la postérité de Seth.

» Il sortira de Jacob un dominateur qui perdra les restes de la Cité.

. . . .

» Ils viendront d'Italie sur des vaisseaux, ils vaincront les Assyriens et ruineront les Hébreux, mais à la fin ils périront eux-mêmes....

» Hélas! qui se trouvera en vie lorsque Dieu fera toutes ces choses? »

. . . .

Et Balaam s'en retourna dans sa maison.[1]

Et les échos du monde répétèrent à travers la succession des siècles, la parole du prophète, pour la transmettre à leurs descendants comme un germe de merveilles et une promesse de salut.

Tout l'Orient connut et espéra le salut futur prédit par ce prophète, et l'on retrouve dans tous les livres des nations, la tradition écrite de cette lointaine prophétie.

Et, parmi les nations, la Chaldée était le pays des mages qui, dès la plus haute antiquité, adorèrent les astres

(1) Les Nombres, chap. XXII, XXIII, XXIV.

comme Job en témoigne lorsqu'il dit,[1] en parlant de leur religion primitive dégénérée en idolâtrie : « Si j'avais regardé la lumière lorsqu'elle brillait et la lune s'avançant, éclatante, et que mon cœur eût été séduit en secret (au point de les prendre pour des dieux), et que ma main se fut jointe à ma bouche (pour les adorer), j'aurais commis un crime digne de châtiment, car j'aurais renié le Dieu suprême. »

Toutefois, des hommes éclairés, parmi les Mages, contemplateurs des astres du ciel, avaient gardé au plus profond de leur cœur le sens de la foi au Dieu vrai et unique, auquel ils présentaient leurs plus humbles adorations.[2]

Ils croyaient que le Dieu suprême pouvait manifester sa puissance par des prodiges dans le ciel.[3]

C'est pourquoi, sur le sommet d'une montagne, trois mages, rois à la manière des savants et des poètes plutôt que revêtus d'un pouvoir effectif, montaient chaque nuit tour à tour, pour épier le mouvement des astres dans la sérénité calme du ciel.

Ils se nommaient Magalath, Galgath et Sarazin.[4] Ils connaissaient, comme toute l'antiquité, la tradition de la Promesse dont l'accomplissement était proche, d'après les interprétations astronomiques du cycle de Daniel, ainsi que la prophétie de Balaam et, attentifs, ils interrogeaient chaque

(1) Chap. XXXI, ℣. 36 et s.

(2) Le P. Paschal Rapine de Sainte-Marie : Le *Christianisme naissant dans la Gentilité.*

(3) Saint Thomas. *Somme*, III, quest. 2. Benoît XIV : *Des fêtes*, chap. II, pensent que l'étoile des Mages fut un météore lumineux de l'air voisin de la terre et formé par le ministère d'un ange.

(4) Selon Zacharias, évêque de Chrysopolis en Grèce, mais la tradition les nomme Gaspard, Melchior et Balthazar, les croit martyrs, portés d'abord après leur mort à Milan, puis à Cologne sur un chariot traîné par quatre mulets. (*Trésor Historique* de Dom Pierre de Saint-Romuald.) Les Pères de l'Eglise ont pensé qu'ils régnaient l'un à Tharsis, le second en Arabie et le troisième à Saba.

nuit le mouvement des constellations du ciel, attendant pieusement l'heure solennelle de l'avènement du divin Ιχθυς, agneau sans tache, enfanté au monde par la céleste Vierge, et appelé l'étoile de Jacob.

Et l'heure allait sonner, sans doute, et de crainte, comme les vierges vigilantes et sages, de ne point l'entendre résonner, par une de ces nuits sereines, ils contemplaient tous trois l'immensité lorsque, tout à coup, impossible à confondre avec les fixes immuables, les planètes oscillantes ou les comètes voyageuses et chevelues, ne ressemblant en rien à ces clartés errantes que la main de la nature éveille et endort dans un caprice rapide, parmi les routes du ciel, une étoile d'or s'ouvrit soudain, comme un regard de feu, au-dessus des horizons de l'orient dans les plis légers du manteau de la nuit.

— Voilà le signe de l'étoile de Jacob! s'écrièrent-ils ensemble, voilà le flambeau du grand roi! voilà le signe qui annonce la naissance de Celui qui va fonder la race immortelle du céleste Ιχθυς!...

Et, prosternés, ils adorèrent la majesté clémente du Dieu suprême.

Quand ils relevèrent leurs fronts, regardant de nouveau le ciel, ils s'aperçurent que l'étoile avait changé de place.

Elle marchait!...

Elle marchait vers l'Occident, comme une lampe ardente, lentement portée par des mains invisibles.

Alors, ils descendirent de la montagne, rentrèrent dans leur palais et assemblèrent leurs serviteurs en leur donnant l'ordre de tout préparer pour un long voyage.

Et ceux-ci firent sortir des écuries les sobres dromadaires, dont le long col profile son balancement sur l'horizon du désert, préparèrent les tentes en poil de chèvre, les couvertures en laines teintes de pourpre, les tapis aux coloris éclatants comme des parterres de fleurs brillantes, ils réunirent les provisions de toute sorte, et quand la caravane fut organisée :

— Sublimes maîtres en la science des étoiles, leur dirent-ils, en se prosternant devant eux, les routes du désert vous attendent, daignez vous mettre en chemin comme vous l'avez ordonné.

Et comme la nuit radieuse étendait dans le ciel ses voiles diamantés, l'immense procession se mit en marche à la suite des trois mages allant à pieds, parmi les sables et les cailloux, vêtus de riches dalmatiques de drap d'or aux plis lourds, étincelantes de pierreries qui, parfois, se détachaient dans la marche et semaient d'escarboucles et d'émeraudes les sentiers du désert.

Et le long des chemins, parmi la sinuosité des vallons verdoyants ou les montées des collines, parmi les sables mouvants des steppes incultes où frissonnaient les esprits des solitudes éternelles, les seules étoiles voyaient passer le long des routes bordées de maigres oliviers, des sentiers montueux plantés par la nature de lauriers sauvages et de térébinthes sombres, dans le balancement des palmiers et des dattiers des oasis, les chameaux à la forme onduleuse chargés de bagages, les dromadaires montés par leurs conducteurs bariolés et chamarrés, et les trois rois, les yeux fixés sur l'étoile, portant entre leurs mains les présents symboliques, la branche verte de myrrhe incorruptible, l'or royal aux reflets souverains et l'encens, synthèse idéale de parfums dont la fumée odorante n'appartient qu'à la divinité.

Et lorsque le soleil chassant l'ombre aux points d'or, pâlissait les rayons de l'étoile voyageuse, les tentes poilues de peau de chèvre se dressaient et la prestigieuse caravane se reposait de ses fatigues, sous le regard étonné des pâtres des montagnes et la curiosité sans borne des laboureurs, qui remuaient la terre pour les semailles propices ou coupaient les épis des fécondes moissons.

Où allaient-ils?... Ils allaient!...

Car, qui donc, si ce n'est Dieu, connaît le secret de l'Orient, et qui peut dire, si ce n'est Lui, quel peut bien être l'endroit mystérieux où finit l'Occident!

. . . .

VI

TULLIUS RETROUVE UN AMI.

Claudius n'avait pas cherché plus longtemps à retenir son ami dans les murs de Rome devenue odieuse à son cœur blessé par la déception et le dégoût.

— Sache, ô Tullius, lui avait-il dit, que seul, l'égoïsme de mon amitié pourrait me porter à te dissuader des voyages que tu rêves d'entreprendre. Partout où tes pas te porteront, mon cœur te suivra avec mes vœux ardents pour ton bonheur. Moi aussi, quittant de bonne heure le toit paternel, j'ai voyagé sur la mer profonde et abordé pour mon instruction des rivages lointains. J'ai parcouru la Grèce, patrie d'Homère et inspiratrice de la civilisation romaine et j'en ai rapporté de précieux souvenirs recueillis dans les champs héroïques qui frémissent encore au nom de Léonidas; autour des temples où la divinité a fait fleurir les merveilles de l'art. Je me suis abreuvé aux sources pures de la philosophie des sages, j'en ai rapporté la paix du cœur dans laquelle j'attends des événements dont nul ne connaît le secret; car, comme l'a dit Quintus-Horatius-Flaccus, dans ses vers : « Il n'est pas prudent de rechercher ce que les dieux ont décrété de nos destins. »

Les trois Mages offraient à un enfant rayonnant de grâce des hommages symboliques qui n'appartiennent qu'aux rois et à la divinité. (P. 168.)

Toi, tu te diriges vers d'autres rivages, tu espères poser le pied de ta foi incertaine sur un sol où Rome n'a posé que le pied de ses conquêtes; il te semble qu'un grandiose mirage déploie ses splendeurs vers les horizons de Jérusalem, et tu crois qu'un soleil nouveau va se lever parmi les champs de la myrrhe et derrière les collines de l'encens; va, ton cœur au moins s'emplira de grands et nobles sentiments pendant que tes yeux se baigneront dans les splendeurs de la nature en fête.

Mais tu te souviendras un jour de l'hospitalité reçue au pied des douces Esquilies, et rassasié de poésie, tu reviendras dans cette Rome où il te reste un ami. *Vale*, Tullius, et pense quelquefois à Claudius.

Le bateau était à l'ancre dans le port du Tibre et, déjà, le vent frémissait dans ses voiles, tandis que les rameurs, à leur banc, s'apprêtaient à frapper l'eau de leurs rames sonores.

Tullius y monta, tandis que le romain regardait tour à tour le voyageur qui le quittait et l'horizon de la mer sans nuages.

Enfin le signal du départ fut donné, le bateau leva l'ancre, les rameurs frappèrent en cadence l'eau jaunâtre du fleuve et la galère se mit en marche vers l'estuaire du Tibre.

De Rome à la mer la distance n'est pas grande et elle fut vite franchie.

Tullius, arrivé à Ostia, s'informa du départ du prochain navire pour les rives de l'Asie.

Un inconnu lui fit voir dans le port une superbe galère qui se balançait mollement sur le fond bleu du ciel.

— Celui-ci partira, dit-il, aussitôt que les vents lui seront favorables et les matelots espèrent que ce sera pour cette nuit au plus tard.

Tullius s'assit alors sur le rivage et regarda moutonner au loin les flots bleus de la mer Tyrrhénienne, ce jour-là murmurante et douce comme sa sœur, la majestueuse et calme Méditerranée.

Et, dans son esprit, il repassait tous les événements qui avaient marqué sa vie depuis son départ de Gaule et son arrivée à Rome.

Il songea à sa mère et à ses sœurs qui pensaient à lui dans les murs de Tolosa, sur les bords de l'impétueuse Garumna,[1] et qui le croyaient à cette heure, sans doute, prosterné aux pieds de quelque autel de la Rome impériale, et son cœur se serrait un peu à la pensée que de longs jours allaient s'écouler, peut-être, avant qu'il pût revoir les maisons de sa ville natale et serrer les siens sur son sein.

— Il est vrai, se disait-il, que, si j'eusse suivi les ordres trompeurs du destin, de plus longs jours encore s'écouleraient, sans doute, avant que je revoie le ciel de ma patrie, mais si je trouve la vérité dans cet Orient auprès des purs autels d'un Dieu inconnu, quelle joie pour mon âme et quelle allégresse pour mon cœur.

Le sable cria derrière lui imperceptiblement, et il sentit en lui un frémissement vague qui l'avertit sans que ses yeux l'eussent vu, qu'il était sous le regard d'un témoin de sa mélancolie.

Il se retourna et vit un vieillard aux traits doux qui le regardait silencieusement.

Il le reconnut aussitôt.

— Ben-Jokaï! s'écria-t-il, vous ici! Vous que j'ai cherché à Rome, vous dont je suis les pas comme un cerf altéré suit les frais ombrages qui doivent le mener à la source jaillissante. Quoi! c'est vous! Vous que je retrouve à Ostia après vous avoir demandé à tous les échos du Transtévère?

— C'est moi, mon fils, dit le vieil essénien en souriant

(1) La Garonne.

et d'un ton doux, que faites-vous ici? n'êtes-vous donc plus prêtre d'Isis?

— Oh! ne me parlez pas d'Isis! j'ai vu l'ignominie de ses mystères dignes des excès des furibondes bacchanales, et le seul secret qui m'ait été révélé est l'art de tromper les hommes par les plus grossiers artifices.

— Mon fils, dit l'essénien, retournez en Gaule à Tolosa, auprès de votre mère, et sans incriminer Isis, de peur de l'irriter, dites-lui que vous avez changé d'avis et que vous voulez vivre désormais de la vie ordinaire des citoyens.

— Non, dit le Gallo, je ne vais pas en Gaule.

— Et où allez-vous donc?

Tullius étendit la main vers l'orient de la mer Tyrrhénienne, montrant un pays lointain que ses yeux ne voyaient pas, mais vers les rivages duquel son cœur soupirait.

— Je vais là-bas!... dit-il, là-bas!... avec vous!...

L'essénien secoua la tête en silence.

— Vous m'en avez trop dit, continua le gallo-romain, sur ce sol favorisé des cieux où l'encens fume devant le Dieu unique et pur; je veux le connaître et puisque vous m'assurez qu'un soleil nouveau va se lever sur le monde, sortant des entrailles même de ce pays prophétique, je veux voir éclater ce prodige à mes yeux et rapporter en Gaule le récit de sa splendeur.

— Mon fils, dit le vieillard, tous les pays du monde se ressemblent devant l'éternel Seigneur et créateur de toutes choses, son temple unique est, il est vrai, dans Sion, mais un cœur pur peut le pressentir et l'adorer dans tous les royaumes de la terre.

— Je veux vous suivre et connaître de vous les mystères de ce Jéhovah, que nulle image ne représente et que vous autres Juifs vous prétendez adorer en esprit et en vérité dans la foi de sa majesté unique; et pourquoi ne le servirais-je pas, moi qui devais servir Isis, pourquoi ne deviendrais-je pas un des prêtres de son auguste sanctuaire? s'écria le gallo-romain avec feu! Pourquoi?...

Ben-Jokaï leva les yeux au ciel d'un air inspiré et laissa tomber ces paroles ou plutôt les laissa s'envoler dans l'azur :

— Le temps viendra, mais il n'est pas venu; l'heure sonnera, mais elle n'a pas sonné! L'Esprit du Très-Haut n'a pas encore soufflé sur la bonne volonté des nations, et les mains des hommes n'ont pas encore le droit de se poser sur l'arche sainte de Dieu....

— Que dis-tu, homme vénérable? demanda le gallo-romain qui n'entendait point ces paroles énigmatiques.

L'essénien montra du doigt le vaisseau qui appareillait avec activité, car le vent s'était levé sur les eaux bleues, et il dit :

— Voici le temps du départ, jeune étranger, il ne m'appartient pas de peser sur les destinées de ta vie, je consens à ce que tu m'accompagnes jusqu'à la terre d'Asie, mais ne me demande pas de te conduire plus loin; je serai pour toi une lueur sur les flots incertains, tant que la mer les fera mugir sous tes pieds. Mais quand je t'aurai fait, parmi des paroles sages, entrevoir la splendeur de la vérité et que tu auras posé le pied sur le sol, je te laisserai et tu ne me suivras point : car tu ne saurais me suivre où je vais, parce que le Tout-Puissant n'a pas encore éveillé les nations et que le sacerdoce du Seigneur procède encore du tonnerre de Jéhovah!

Le vieillard, à ces mots, marcha vers le port.

Et Tullius suivit ses pas dans le tremblement d'un saint et profond respect.

VII

LES PAROLES MYSTÉRIEUSES.

Le vaisseau qui devait prendre la mer était une trirème ou galère à trois bancs de rameurs dont l'invention était due, paraît-il, aux Corinthiens.[1]

Quand tous les passagers furent embarqués et les marchandises mises en place, la trompette retentit et les rameurs abaissèrent d'un seul coup leurs avirons dans l'eau écumeuse ; le bateau se balança un instant incertain, les esclaves se courbèrent et se relevèrent sur leur banc et la masse s'ébranla vers la haute mer, dans le moutonnement onduleux des vagues sans colère.

Cependant, Tullius avait pris place auprès de Ben-Jokaï silencieux.

(1) Il y avait dans l'antiquité des birèmes, des trirèmes, des quadrirèmes et même selon les auteurs anciens des vaisseaux qui avaient douze, quinze, vingt et même quarante bancs de rameurs et qui étaient usités au temps d'Alexandre-le-Grand et des Ptolémées. Chaque rame était mue par un homme qui évoluait au commandement ou au son d'une trompette. Ces vaisseaux avaient aussi des mats, des cordages et des voiles. La trirème était considérée comme le type le plus commode pour tenir la mer et satisfaire à un bon fonctionnement soit pour la marine marchande soit pour la marine de guerre.

A l'époque des croisades, les vaisseaux des croisés avaient seulement deux bancs de rameurs, c'étaient des birèmes. *(Encyclop.)*

Quand les côtes du Latium se furent un peu éloignées et que la haute mer apparut à leurs yeux dans sa solennelle solitude, troublée seulement par le bruit des rames qui la frappaient en cadence parmi les chants des matelots :

— O Ben-Jokaï, dit Tullius, que les instants qui nous séparent encore des rives où je dois te perdre ne s'écoulent pas en vain! Enseigne-moi, je te prie, les mystères de ton Dieu.

— Je te dirai seulement ce que je puis te dire, répondit l'essénien, car toute oreille qui écoute n'est pas ouverte pour entendre et tout œil qui regarde ne comprend point ce qu'il voit.

« Le monde universel que tu contemples, sache-le, jeune gallo, était dans le néant quand le Très-Haut fit éclater sa puissance.[1] Et il créa les choses que tu vois et les choses innombrables que tu ne vois pas, le soleil, les étoiles, la terre dans l'espace et les vertus du ciel; et il fut satisfait de son œuvre, car l'œuvre de ses mains rendait gloire à l'harmonie sacrée de son Saint Nom.

» C'est alors, qu'ayant fait ces choses innombrables, il prit dans ses mains trois fois saintes un peu de boue pour en faire un vase pur dans lequel il mettrait la vie même de son cœur paternel soufflée par ses lèvres augustes. Et c'est ainsi que s'éveilla aux splendeurs de la lumière, le chef-d'œuvre de ses mains, l'homme, le premier Adam doué d'intelligence et capable d'amour pour celui qui l'avait appelé à la vie.

» Et Dieu, content de son œuvre et voulant mettre le comble à sa bonté, berça l'homme dans un rêve pur et prépara pour son réveil une compagne digne de lui.

» Et il leur dit : Vivez des biens de ma sagesse et soyez exempts du désir sacrilège de pénétrer mes voies éternelles

(1) Genèse (paraphrase).

en violant la loi de bonheur et de paix que je vous impose. Je vous donne la suprématie sur tous les biens de la terre, sachez vous garder des tentations d'en bas et de l'orgueil d'en haut!

» Mais l'homme, ô Tullius, se lassa de son bonheur et son orgueil le poussa à vouloir s'égaler au Tout-Puissant, son créateur et son Dieu en essayant de s'élever jusqu'à l'Inaccessible, en cueillant pour s'en nourrir, le fruit défendu de l'arbre de la science.

» Car dans l'ombre, contre laquelle le Très-Haut l'avait armé d'un bouclier de lumière, le tentateur jaloux de son bonheur, lui insinuait l'esprit de révolte contre la loi du Seigneur son Dieu! »

— O Ben-Jokaï, dit le gallo-romain, comme ta parole est grande et comme elle rayonne dans ma nuit!

— Cette parole, continua l'essénien, n'est pas la mienne, mais celle du Seigneur lui-même qui l'a révélée à Moïse, pour la communiquer à son peuple.

« Et l'homme, poursuivit-il, commit le crime, et il désobéit à l'Eternel! croyant follement pouvoir s'égaler à Lui! Et l'Eternel parut et lui dit :

» — Le serpent qui rampe t'a pris dans ses anneaux impurs, ta faute t'a perdu! Va féconder de tes labeurs et arroser de tes larmes la terre que le serpent enlace de ses replis, car le châtiment du Seigneur est tombé sur toi et sur toute ta postérité malheureuse. Retire-toi des limites de mon Eden que gardera l'épée flamboyante de mes anges.

» Et, s'adressant au tentateur, il lui dit :

» — Et toi, serpent impur, sois maudit et rampe aux limites de cette terre; mais sache qu'entre toi et ta victime, je creuse un abîme de haine que tu ne franchiras pas.

» La Femme, ô serpent, t'écrasera la tête et tes dents insidieuses s'useront sous ses pieds.

» Et l'Eternel ayant fait à l'homme cette solennelle promesse, se revêtit de gloire impénétrable et rentra dans son inaccessible splendeur. »

Ben-Jokaï ayant ainsi parlé, promena ses yeux sur l'immensité des vagues et se tut un instant.

Le gallo-romain n'osait lui parler, respectant le sublime enseignement qui tombait de sa bouche.

— O toi, reprit-il, dont l'âme obscure tressaille, parce que le monde entier a tressailli, toi qui crois sur la foi de Python, dont l'Eternel Adonaï force la bouche à publier sa grandeur, toi qui penses que le monde attend quelque chose de grand, sache que, depuis ces temps lointains, le Seigneur n'a pas perdu le souvenir de sa promesse !

« Alors que la postérité d'Adam pactisait dans son aveuglement avec les œuvres de son ennemi et s'égarait jusqu'à élever des autels sacrilèges à toutes les formes impures de sa puissance ténébreuse, il y eut, d'âge en âge, des saints qui se souvinrent de l'Eternel et perpétuèrent à travers les siècles la tradition de sa promesse.

» Et quand l'heure fut venue et sonna, notre Dieu suscita Moïse dans la terre d'Egypte, pour choisir un peuple qui connaîtrait son nom, le Dieu unique, et serait dans le monde le gardien de sa promesse, jusqu'au jour de la réalisation annoncée par l'enthousiasme des prophètes du Seigneur et les frémissements de colère et de crainte de Python.

» Ecoute les soupirs d'angoisse du monde et dis-moi si le monde n'attend pas un pardon.

» Et qui donc peut pardonner, si ce n'est pas l'offensé? car les sacrifices de l'homme n'ont point pu le racheter de sa faute et le Seigneur ne les a point reçus !

» Gallo, voici les terres de l'Asie que l'horizon dessine dans la frange de la mer, mes lèvres vont se clore, car nul ne peut aller plus loin que le seuil de l'espérance !

» Souviens-toi de la promesse du Dieu suprême et attends en silence que les nues aient répandu la rosée du Juste sur le monde et confirmé la mission sublime d'Israël. »

. . . .

A ces mots, l'essénien prit pied sur la terre de sa patrie et, drapé dans son manteau, marcha sans se retourner, vers les collines de Tsione.

VIII

MINUIT !... CHRÉTIENS !...

Décembre avait ramené la mauvaise saison et un événement important se passait alors en Judée.

Cyrinus, procurateur de César-Auguste et mandataire de ses ordres, opérait le dénombrement des habitants de la Syrie et de la Palestine.

Le décret de César portait que chaque famille devait aller se faire inscrire dans la ville natale de son chef.

Or, Joseph étant de la famille de David, devait faire une longue route pour aller, à travers une grande étendue de la Palestine, jusqu'à Bethléem, cité du roi-prophète, faire inscrire son nom sur les registres du gouverneur romain.

De nouveau, il sella sa fidèle ânesse, y fit monter Marie son épouse, et, laissant là ses outils et la petite maison de Nazareth, après avoir revêtu son manteau et s'être précautionné de quelques provisions pour la route, prit le chemin qui devait le mener au sein de la tribu de Juda.

Les routes et les sentiers étaient sillonnés de caravanes et de voyageurs, qui, tous, allaient dans diverses directions, pour obéir eux-mêmes à l'édit de l'empereur Auguste.

Lorsqu'après plusieurs jours de marche et de fatigue, ils

arrivèrent au terme de leur voyage, les ombres rapides du crépuscule avaient envahi la plaine, et la colline au sommet de laquelle s'élève la petite ville de Bethléem, n'apparaissait aux yeux des voyageurs que comme une masse sombre où quelques rares lumières étoilaient l'ombre de points brillants et clairsemés.

Ephrata[1] la fertile, terre de Juda, patrie de Booz et de Ruth, sépulcre de Rachel, ville de David, prédestinée glorieuse dans les décrets divins, était alors un des plus purs joyaux de la Judée.

Entourée d'oliviers et de figuiers balançant sur ses murs leurs panaches verdoyants et offrant aux lèvres de ses enfants leurs fruits savoureux, elle s'élevait au milieu des fleurs, parmi les coteaux fertiles qui, sur le roc fécondé par la culture de l'homme, étalaient la richesse de leurs jardins en terrasse et l'ondoiement murmurant de leurs opulentes moissons d'orge et de froment.

A deux lieues de la ville sainte, du haut de ses murailles, le regard pouvait contempler dans le panorama des horizons les plus proches, le sommet de la tour de David, les altitudes de Tsione, le dôme du temple de Jéhovah, la montagne des Oliviers et toutes les hauteurs de la Judée.

De douces mœurs qu'elle n'a point perdues, distinguaient ses habitants au caractère affable et expansif.

Souvent visitée par les caravanes, à cause de sa proximité de Jérusalem, elle possédait à l'entrée de ses murs, un caravansérai ouvert, comme ceux de l'Orient, à tous les arrivants.

Mauvais gîte où chacun ne doit compter que sur soi-même et ses provisions, hôtellerie ouverte à tous les vents où celui qui n'a pas apporté son tapis et sa couverture de poil de

(1) Nom hébraïque de Bethléem qui signifie fertilité. Le prophète Michée avait prédit sa célébrité future par la naissance du Sauveur.

chèvre doit se résigner au froid des nuits et aux inconvénients des intempéries.

Mais jamais Bethléem n'avait vu une semblable affluence d'étrangers dans ses murailles.

Le caravansérai bondé de voyageurs n'en abritait qu'une très minime partie; les habitants hospitaliers avaient ouvert leurs maisons transformées en hôtelleries où plus un coin n'était disponible pour y dresser un lit. Les places et les rues elles-mêmes étaient pleines de groupes de voyageurs qui y avaient dressé leurs tentes.

Et, comme partout, en de semblables circonstances, la richesse avait le pas sur la pauvreté et ceux qui ne pouvaient payer le prix excessif qui leur était demandé, se voyaient obligés de coucher en plein air ou de chercher quelque retraite abandonnée, dans le flanc du rocher, pour y passer la nuit.

Ce fut avec angoisse que Joseph, conduisant par la bride l'ânesse qui portait Marie, erra, de déceptions en déceptions, du caravansérai bruyant jusqu'à la dernière des plus pauvres maisons de la ville.

La place était prise partout et, quand par hasard, il y en avait une quelque part, le prix demandé en retour excédait de beaucoup le contenu de sa pauvre bourse.

Et son cœur était plein de douleur et d'anxiété à la pensée des fatigues de Marie et de son état.

Il sortit alors de la ville par la porte méridionale et, comme beaucoup d'autres, chercha sur les flancs de la colline un abri moins glacial que le plein air.

Enfin apparut à ses yeux une de ces grottes profondes et sombres où les bergers rassemblaient parfois leurs troupeaux et s'abritaient eux-mêmes de la fraîcheur des nuits.

Joseph y entra avec l'ânesse et Marie qu'il fit descendre et pour laquelle il prépara un lit sur du foin que des pasteurs y avaient mis en réserve pour les animaux.

La nuit était au milieu de sa course et, sur l'autre versant de la colline, des pâtres veillaient encore sur leurs troupeaux endormis.

Tout à coup, une vive clartée descendue du ciel les environna et un esprit céleste apparut à leurs yeux effrayés.

— « Ne craignez point, leur dit-il, car je viens vous annoncer une nouvelle qui sera pour tout le peuple un grand sujet de joie. Aujourd'hui, dans la ville de David, il vous est né un Sauveur qui est le Christ, le Seigneur. Voici à quelles marques vous le reconnaîtrez : vous trouverez un enfant enveloppé de langes et couché dans une crèche.[1] »

Et soudain une multitude de voix dominant des bruissements d'ailes en tempête, éclatèrent dans le ciel :

— Gloire à l'INEFFABLE! gloire à DIEU! disaient-elles, et Paix sur la terre aux hommes de bonne volonté![2]

Les pasteurs étonnés ne pouvaient en croire leurs yeux ni leurs oreilles, et quand tout fut rentré autour d'eux dans la nuit et le silence, ils se concertèrent et se dirent :

— Le Seigneur nous a parlé dans sa gloire, croyons en sa parole et allons jusqu'à Bethléem afin d'en voir la réalisation.

Et, laissant à la Providence la garde de leurs troupeaux, ils se hâtèrent vers la colline où la grotte leur apparut éclairée d'une douce lueur.

Et Joseph et Marie se montrèrent à leurs yeux, prosternés devant la crèche où vagissait un enfant nouveau-né qu'un âne et un bœuf réchauffaient de leur souffle.

Alors, ils glorifièrent Dieu, en adorant le Verbe divin, né pour le salut du monde et la rédemption d'Israël.

Et tout le monde fut dans l'étonnement en entendant de leur bouche le récit de ces merveilles.[3]

(1) Luc, ch. II.
(2) *Ibid.*
(3) Ev. selon S. Luc.

IX

L'ADORATION DES MAGES.

Cependant, une étrange caravane se présentait à la porte orientale de Jérusalem.

C'était, avec leur suite nombreuse de dromadaires et de serviteurs, les mages intrépides qui, jusque-là, avaient marché sous la conduite de la mystérieuse étoile.

Et voici qu'arrivés auprès d'une citerne[1] de la route, non loin de la cité de Tsione, soudain, le miraculeux météore avait disparu à leurs yeux, effacé subitement au milieu de la nuit.

— C'est ici, se dirent-ils, qu'est né assurément le Saint, dont le nom est écrit au livre des étoiles. La clarté céleste qui nous a guidés jusqu'en ces lieux ne nous a point trompés; informons-nous en cette ville, car chacun doit connaître cet important événement.

Mais nul dans la ville ne put répondre à leurs questions pressantes, personne n'avait entendu dire qu'aucun grand personnage eut fait depuis peu son apparition sur la terre.

(1) La citerne existe encore sous le nom de citerne des trois rois ou de l'étoile

Et comme ils se désolaient de cette cruelle déception, deux hommes se présentèrent à eux et leur dirent :

— O princes, nous sommes envoyés vers vous par Hérode, notre roi, qui a appris que vous cherchiez en ce pays un nouveau-né mystérieux, sans pouvoir le trouver, venez à Jéricho où Hérode est retenu par sa santé mauvaise et, s'il est en son pouvoir de vous renseigner, il le fera.

Les mages, alors, partirent pour se rendre à la villa du roi Hérode.

Celui-ci, sans perdre de temps, avait assemblé les princes des prêtres et les docteurs de la Loi autour de lui et leur avait demandé :

— Où doit donc naître celui que vos prophètes appellent le Christ?

— A Béthléem, dans la tribu de Juda, lui répondirent-ils, car il est écrit : Et toi, Bethléem, terre de Juda, tu seras grande parmi les tribus, parce que de toi naîtra Celui qui doit régner sur mon peuple et conduire Israël.[1]

— C'est donc à Bethléem, dit-il aux mages, qu'a dû naître l'enfant que vous cherchez. Allez-y promptement, informez-vous avec exactitude et venez me rendre compte de ce que vous aurez appris; car, moi aussi, je veux aller l'adorer.

Et comme les mages quittaient le palais du roi, à leur grande joie l'étoile annonciatrice brilla de nouveau à leurs yeux dans les airs.

Ils reprirent leur marche solennelle, et comme ils arrivaient au pied de la colline de Bethléem, un étranger, vêtu à la dernière mode de Rome, s'arrêta pour regarder le pittoresque défilé.

— Où allez-vous? demanda-t-il à l'un des chameliers, et quels sont ces princes vêtus de splendeur qui vont vers cette humble bourgade?

(1) Michée. Matth., ch. II, ỳ. 6.

Mais on ne put lui répondre, car on ne comprenait pas sa langue.

Alors, le voyageur résolut de suivre à distance, pour avoir la clef de cette énigme, et il gravit derrière les mages, les flancs du coteau, tandis que toute la suite avait fait halte au pied de la colline.

Et, de ses yeux, il put voir une large étoile à cinq rayons, qui se posa sur une grotte, tandis que les trois Mages prosternés offraient à un enfant rayonnant de grâce, des hommages symboliques qui n'appartiennent qu'aux rois et à la divinité.

— O Ben-Jokaï, pensa-t-il dans son cœur, que n'es-tu là, pour voir ce que je vois avec des yeux que je ne connaissais pas à mon corps! Oui, voici Celui que le monde attend, voici l'Enfant prédit par les prophètes de ton Dieu et redouté par les trépieds de Python, voici le Saint que l'univers attend!

Et prosterné à l'écart, illuminé d'en haut, lui aussi adora.

. . . .

Quand ils eurent déposé leurs offrandes aux pieds de l'Enfant divin, les mages s'en allèrent pour regagner leur pays par des chemins détournés, car un songe les avertit d'éviter Jéricho et le farouche tyran qui méditait un crime.

A quelques jours de là, Joseph et Marie, selon la loi de Moïse, se rendirent à Jérusalem pour présenter au temple du Seigneur l'enfant mystérieux.

Comme des pauvres, il passèrent humblement dans les rues de la ville, comme des pauvres ils passèrent ignorés dans la foule, comme des pauvres ils présentèrent la modeste offrande des indigents pour le rachat du premier-né : deux tourterelles blanches et timides avec la somme de cinq sicles.[1]

(1) Monnaie d'argent valant à peu près trente-deux sous. Les enfants de la tribu sacerdotale de Lévi étaient seuls dispensés du rachat selon la loi de Moïse.

Et le prêtre les reçut comme des pauvres et comme des inconnus sans nom.

Mais comme ils s'éloignaient après l'oblation purificatrice, un saint vieillard nommé Siméon, animé de l'esprit de Dieu, s'approcha de Joseph et de Marie et prit l'enfant dans ses bras tremblants.

— C'est maintenant, Seigneur, s'écria-t-il, que vous pouvez laisser votre serviteur Siméon s'endormir dans votre paix, selon votre parole, parce que mes yeux ont vu la rédemption que votre miséricorde a préparée à la face de tous les peuples de la terre, la lumière que vous venez de révéler aux nations et l'illustration éternelle d'Israël votre peuple![1]

Et comme Joseph et Marie le regardaient avec admiration.

— Soyez bénis, leur dit-il.

Et, regardant la Vierge de Nazareth, ses lèvres s'ouvrirent pour la prophétie :

— Cet enfant est né, dit-il, pour la ruine et la résurrection de plusieurs en Israël; il sera en butte à la contradiction des hommes, et votre cœur, ô Marie, sera percé d'un glaive de douleur!

Au même moment une prophétesse d'Israël[2] annonça la gloire du Seigneur et l'arrivée du Rédempteur.

Et l'ange de Johah apparut à Joseph et à Marie et les envoya en Egypte, car Hérode irrité cherchait à faire mourir Celui qu'Israël tout entier attendait comme son roi.[3]

Et ce fut alors que, selon la prophétie,[4] on entendit dans Rama la voix lamentable des mères qui pleuraient leurs enfants parce qu'ils n'étaient plus!

(1) Luc, chap. II, cantique de S. Siméon.

(2) Anne, âgée de quatre-vingt-quatre ans.

(3) Et en effet, pour atteindre son but, il ordonna le massacre des innocents.

(4) Jer. ch. 31, ỳ. 15.

ÉPILOGUE.

Tullius à Claudius, salut!

Claudius, noble ami, un tabellarius te remettra ces lettres, et, en les lisant, tu sauras mon chagrin de n'avoir pu, surpris par l'édit de César-Auguste, et obligé pour y satisfaire à retourner en Gaule par le plus court chemin, revenir dans ta maison, te donner le baiser de l'amitié.

Je suis en route pour Tolosa où je vais retrouver ma mère et mes sœurs et leur dire que mon cœur a senti des merveilles.

Viens à Tolosa, Claudius, viens y demander à ma reconnaissance le tribut de l'hospitalité, et je te dirai ce que j'ai appris sur la terre d'Asie que mes pas ont foulée.

En attendant, sache, ô noble romain, ô doux philosophe, que Virgilius dont tu aimes les vers a entrevu vraiment la grâce que les cieux avaient réservée à la terre.

Une ère nouvelle s'est levée, et celui que le monde attendait avec angoisse vient de paraître en Israël. *Vale.*

POSTFACE.

Lecteurs,

Que la partie fictive de ce livre n'en affaiblisse pas dans votre esprit le solide enseignement.

L'auteur a voulu vous montrer sous des couleurs pittoresques et vives l'état du monde païen à l'époque de la venue du Seigneur sur la terre pour la grande réparation du Calvaire.

Il vous a conduits à Rome, car où vous aurait-il menés sinon dans cette ville éternelle, boulevard de la civilisation latine en ces temps où toutes les gloires y coudoyaient toutes les corruptions et où ses murs allaient s'ouvrir bientôt à un sublime apostolat qui en ferait la capitale du Christ et le fanal de la chrétienté future et catholique?

Il a voulu vous faire voir ce monde païen remué profondément par des influences mystérieuses qui versaient malgré lui dans son âme l'invincible espoir ou la crainte farouche du remède miraculeux et divin, signifié par la parole du psaume : « *Quare fremuerunt gentes et populi meditati sunt inania!* » Puis l'auteur vous a conduit dans ce magique panorama de la terre sanctifiée par la naissance, la vie, et la mort du Sauveur, et toute vibrante encore du verbe de Moïse et de la parole des prophètes.

En une rapide esquisse, il vous a rappelé les grandes lignes de l'Histoire Sainte concernant la tradition de la Promesse divine depuis Adam qui la reçut, en passant par les Patriarches qui la conservèrent, Moïse qui la grava au fer rouge de sa loi dans le cœur de son peuple et Jésus qui vint pour la réaliser.

L'Eglise ne date pas seulement de Jésus-Christ, elle est la fille aînée de Jéhovah lui-même, ne l'oubliez pas, car elle est l'assemblée immortelle des fidèles de l'*Ineffable Adonaï*, et Notre-Seigneur Jésus-Christ en est l'Eternel Epoux qui s'est uni à Elle dans le temps pour accomplir la promesse antique du Père irrité mais miséricordieux.

Elle remonte à l'origine du monde; mais c'est surtout à la crèche que ses droits ont commencé à prévaloir devant le trône du Père par le mystère adorable du Fils incarné pour le salut du monde.

Le berceau du Sauveur est celui de l'Eglise chrétienne, mais il est le trait d'union entre elle et la tradition de Moïse et des patriarches pour les unir à jamais dans un même esprit et pour un même triomphe.

TABLE DES MATIÈRES.

TROISIÈME PARTIE.

L'AURORE.

Tournai, typ. Casterman . 763

www.ingramcontent.com/pod-product-compliance
Ingram Content Group UK Ltd.
Pitfield, Milton Keynes, MK11 3LW, UK
UKHW021121220726
13924UKWH00004B/1838